문화재로 배우는 근대 이야기

제중원에서 탑골공원까지

문화재로 배우는 근대 이야기

1판 1쇄 발행 | 2010. 1. 11
1판 10쇄 발행 | 2023. 1. 1

신연호 글 | 백명식 그림

발행처 김영사 | **발행인** 고세규
등록번호 제 406-2003-036호
등록일자 1979. 5. 17.
주소 경기도 파주시 문발로 197(우10881)
전화 마케팅부 031-955-3100 | **편집부** 031-955-3113~20 | **팩스** 031-955-3111

ⓒ 2010 신연호, 백명식

값은 표지에 있습니다.
ISBN 978-89-349-3645-9 73900

좋은 독자가 좋은 책을 만듭니다.
김영사는 독자 여러분의 의견에 항상 귀 기울이고 있습니다.
전자우편 book@gimmyoung.com | 홈페이지 www.gimmyoungjr.com

어린이제품 안전특별법에 의한 표시사항

제품명 도서 제조년월일 2023년 1월 1일 제조사명 김영사 주소 10881 경기도 파주시 문발로 197
전화번호 031-955-3100 제조국명 대한민국 ⚠주의 책 모서리에 찍히거나 책장에 베이지 않게 조심하세요.

제중원에서 탑골공원까지

문화재로 배우는 근대 이야기

신연호 글 | 백명식 그림

주니어김영사

책을 읽는 친구들에게

근대 문화재에는 어떤 이야기들이 숨어 있을까?

제가 전에 살던 동네에는 소금을 만들던 염전이 있었어요. 십 몇 해 전에 문을 닫아 황폐하게 변해 버린 옛 염전이었어요. 소금을 만들지 않게 되자 갈대가 마구 우거졌고, 소금을 보관하던 창고는 금방이라도 쓰러질 것 같았지요.

그런데 어느 날, 그 낡은 소금 창고가 문화재가 될지도 모른다는 이야기를 들었어요. 저는 깜짝 놀랐어요.

'문화재는 역사적인 가치도 있어야 하고 예술적인 가치도 있어야 하잖아. 궁궐, 도자기, 금관, 이런 것들처럼 화려하고 아름다워야 하는 게 아닐까? 그런데 다 쓰러져 가는 소금 창고도 문화재가 될 수 있다니, 세상에 어떻게 이런 일……'

근대 문화유산에 관심을 갖게 된 것은 그때부터였어요. 알고 보니 제가 어릴 때 가끔 이용했던 기차역, 제가 다녔던 학교, 한두 번 가 보았던 자장면 집도 근대 문화재였어요.

저는 주변의 낡은 것들이 문화재라는 것을 알고 신이 났어요. 근대 문화재에 대해서 더 알아보기로 했지요. 근대 문화재가 무엇인지, 근대 문화재에

　는 어떤 것들이 있는지, 근대 문화재에는 어떤 이야기들이 숨어 있는지 차근차근 알아갔어요. 그리고 그 내용을 한 권의 어린이 책으로 쓰게 되었어요.

　많은 근대 문화재 속에서 몇 개를 골라내기란 퍽 힘든 일이었어요. 꼭 알아두어야 할 역사 중심으로 몇 가지만을 골랐을 뿐이에요.

　다른 근대 문화재들은 이 책을 읽은 어린이 여러분이 관심을 갖고 찾아보면 좋겠어요. 마음만 먹는다면 여러분 주변에서도 근대 문화재를 많이 찾을 수 있을 거예요.

신연호

책을 읽기 전에

근대 역사를 왜 알아야 할까?

● 근대란 무엇일까요?

우리 조상들이 살았던 전통 사회와 요즘 우리가 사는 사회는 생활 모습이나 사람들의 생각에 많은 차이가 있어요. 전통 사회는 양반과 평민을 나누는 신분 제도가 있었고, 왕이 나라를 다스렸어요. 또 농업이 가장 중요한 산업이었지요.

그러나 어느 날부터 전통 사회의 특징들이 서서히 무너지기 시작했어요. 신분 제도가 없어지고, 농업이 발달하면서 소득이 늘고, 백성들의 힘이 점차 커지게 되었지요. 이렇게 '전통 사회의 특징이 사라지면서 새로운 변화가 나타난 시대'를 근대라고 해요.

그럼 우리나라의 근대는 정확히 언제부터일까요? 이 질문에 대해서는 여러 사람이 다양한 의견을 내놓고 있어요. 대체로 1876년 조선이 일본과 강화도 조약을 맺은 때부터 1945년 광복까지를 '근대'로 보는 의견이 많아요.

● 근대 문화재는 무엇일까요?

'근대'에 살았던 사람들이 남긴 문화유산이 바로 근대 문화재예요. 건축물도 있고, 예술 작품도 있고, 기차역 같은 시설도 있어요. 대부분 외국의

문물이 들어오던 개화기부터 6·25전쟁 즈음에 만들어졌어요.

근대 문화재를 보호하는 방법은 여러 가지가 있어요. '사적', '유형 문화재'로 지정하거나 각 지역에서 '기념물'로 지정해 보호하고 있지요. 또 '등록 문화재'라는 제도를 만들어서 근대 문화재를 관리하고 있어요.

왜 근대와 근대 문화재에 관심을 가져야 할까요?

우리나라의 근대는 강대국의 침략과 일제의 강점기로 이어져 있어요. 안타깝고 가슴 아픈 역사이지요. 근대 문화재도 마찬가지예요. 국보나 보물로 지정된 문화재처럼 눈부시게 아름답지는 않아요. 낡고 볼품없어서 초라한 문화재도 있어요.

그런데도 근대 역사를 배우고 또 근대 문화재를 보호해야 하는 이유는 같은 실수를 되풀이하지 않기 위해서랍니다. 가슴 아픈 역사일수록 감추고 잊기보다는 더 자세히 배워서 다시는 그런 일이 생기지 않도록 해야 해요. 또 힘든 시대를 열심히 살아온 분들을 기억하기 위해서이지요. 나라를 위해 희생한 훌륭한 분들이 없었다면, 오늘날의 눈부신 발전은 이룰 수 없었을 테니까요.

차례

책을 읽는 친구들에게 4
책을 읽기 전에 6

1. **개화파 청년들의 꿈** - 우정총국 11
   갑신정변으로 생긴 서양식 병원, 제중원
   청일 전쟁

2. **서양 학문 배우러 학당에 가요**
   - 이화 여고 심슨 기념관, 배재 학당 동관 23
   첫 번째 중학교였던 정독 도서관
   주민들이 힘을 모아 세운 원산 학사

3. **일본을 피해 궁궐을 나온 임금** - 옛 러시아 공사관 35
   황제에 오르기 위해 쌓은 제단, 환구단
   백성의 힘을 보여 준 만민 공동회

4. **총칼을 앞세운 조약** - 중명전 47
   궁궐 안의 서양 건물, 석조전
   이토 히로부미와 안중근의 동양 평화

5. **교육은 독립의 기초** - 옛 서북 학회 회관 59
   대구 청년들을 교육한 조양 회관
   민족의 혼을 지키는 우리글, 우리 역사

6. **기차 구르는 소리가 천둥 치는 것 같아** - 서울역사 72
   증기 기관차에 물을 공급하던 급수탑
   날마다 기차 타고 학교에 간 학생들

7. 밤을 낮처럼 밝게 하라 – 한국 전력 사옥　85
　　경성 전기의 기부금으로 지은 태평로 옛 국회의사당
　　고종, 전화를 걸다

8. 밥숟가락까지 다 가져가시오 – 옛 동양 척식 주식회사 지점　95
　　민족의 아픔을 노래한 시인 이상화의 집
　　동양 척식의 횡포에 맞선 농민들

9. 전국에 울려 퍼진 대한 독립 만세! – 탑골 공원　107
　　학생들이 3·1 운동을 준비하던 승동 교회
　　3·1 운동에 놀란 조선 총독부, 통치 태도를 바꾸다

10. 한성에서 경성으로, 한 도시 두 얼굴 – 서울시청 청사　119
　　궁궐에 들어선 식물원, 창경궁 대온실
　　빼앗긴 문화재

11. 침략 전쟁의 상처를 품은 곳 – 제주도 일제 군사 시설　131
　　곡괭이 자국 선명한 가마오름 일제 동굴 진지
　　제국주의와 군국주의

12. 통일을 위해 가는 길 막지 마라 – 경교장　143
　　광복군의 서명이 담긴 태극기
　　민족의 슬픔 6·25 전쟁

··· 개화파 청년들의 꿈
- 우정총국

여덟 팔(八)자 모양의 지붕 아래, 한자로 우정총국이라 쓰여진 현판이 걸려 있어요. 이곳은 우리나라에서 가장 먼저 우편 사업이 시작된 곳이에요. 최초의 우체국 본부인 셈이지요. 원래는 여러 채의 건물이 있었는데 지금은 본관으로 쓰던 한 채만 남았어요. 1884년, 갑신정변이 일어났을 때 다른 건물은 불타 버리고 말았어요.

우정총국
(사적 제213호)

20일 만에 문을 닫은 우정총국

"세계 여러 나라와 물건을 사고팔게 되면서 소식을 전할 일도 많아졌다. 우정총국을 세울 것이니 앞으로 우편 사업을 맡아서 하라."

1884년 4월 22일(음력 3월 27일), 고종은 우편 사업을 시작하라고 명령했어요. 그리고 홍영식을 총판(지금의 장관)에 앉혔어요.

홍영식은 평소 우편 사업에 관심이 많았어요. 임금의 명으로 일본과 미국에 갈 기회가 있을 때마다 우체국을 찾아다녔어요. 그리고 사업 방법을 묻고, 우표와 편지 봉투를 얻어 왔지요. 홍영식은 차근차근 우편 사업을 준비하며 임금에게 그때그때 보고를 올렸고, 고종도 큰 관심을 보였습니다.

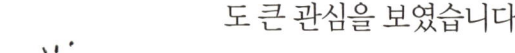

"우정총국에서 일할 관리가 필요합니다. 이상만 등을 승진시켜 직원으로 임명하는 것이 어떻겠사옵니까?"

"그렇게 하도록 하라."

"우편 사업을 하는 데 필

아이고, 힘들다!

요한 규칙을 책으로 만들어 왔사
옵니다."

"살펴보겠다."

"11월 18일(음력 10월 1일)부터 우
편 일을 시작하려고 합니다. 우정총국
을 나타내는 깃발을 그림으로 그려 올리겠나
이다."

"오, 일이 아주 빠르게 진행되어 가는구나."

마침내 1884년 11월 18일, 조선에서 우편 사업이 시
작되었습니다.

그런데 스무날쯤 지났을 때였어요. 고종은 서릿발 같
은 목소리로 이런 명령을 내렸습니다.

"우정총국을 당장 없애 버려라!"

고종은 우정총국에서 일어난 갑신정변 때문에 화가 많
이 나 있었어요. 갑신정변은 갑신년(1884년)에 일어난 정
치적인 변화라는 뜻이에요. 도대체 어떤 일이었기에 임
금이 펄쩍 뛰며 우정총국을 없애라고 했을까요?

🌸 초기의 우체부

개화기 때 우체부는 우편
가방을 한쪽에 메고 먼 거
리도 걸어 다니며 편지를
배달했어요. 머리에는 벙거
지를 쓰고 다녀서 '벙거지
꾼'이라고 놀림을 받기도
했어요.

빠른 근대화만이 살 길이다

우정총국을 세운 홍영식은 서양 문물을 적극적으로 받아들여야 나라가 발전한다고 주장했어요. 이런 주장을 한 사람을 개화파라고 하는데 김옥균, 박영효, 서광범, 서재필, 홍영식 등이 대표적이었습니다.

개화파는 청나라와 일본에서 들여온 책을 읽으며 세계의 역사와 지리, 과학에 눈을 떴어요. 또 여러 도시나 철도, 군대 등의 사진을 통해 발전한 서양의 모습을 살펴보았지요.

개화파는 특히 이웃 나라 일본의 근대화를 높이 평가했어요. 일본은 미국, 영국 등 서양 여러 나라의 기술과 문물을 적극적으로 배워 정치, 산업, 학교, 군대 등을 모두 서양식으로 바꾸었어요. 그 결과, 아시아에서 가장 먼저 근대화를 이루었지요.

개화파는 조선을 일본처럼 빠르게 바꾸고 싶었어요. 20~30대의 젊은 관리들로 이루어진 개화파는 임금의 허락을 받고 여러 근대적인 사업을 벌였습니다. '한성순보'라는 신문을 열흘에 한 번씩 펴내고, 청년들을 일본으로 유학 보내고 우정총국을 세워 우편 사업을 시작했지요.

그러나 조정에는 개화파를 못마땅히 여기는 사람도 많

개화사상이 싹튼 박규수의 사랑방

갑신정변을 일으킨 개화파 청년들은 박규수의 사랑방에서 함께 공부했어요. 박규수는 나라를 지키려면 서양과 외교를 맺고 안으로 힘을 길러야 한다고 주장했어요. 그래서 벼슬에서 물러난 뒤 김옥균, 박영효, 홍영식, 서광범 같은 똑똑한 젊은이들을 모아 자신의 생각을 가르쳤어요.

일본의 '탈아입구(脫亞入歐)'

일본은 개화기 때 '아시아를 벗어나 서양으로 가자(脫亞入歐: 탈아입구).'고 부르짖으며 서양의 제도와 정신을 따라 배웠어요. '탈아입구'에는 서양은 발전한 국가, 아시아는 뒤처진 국가라는 생각이 깔려 있지요. 근대화를 이룬 일본은 서양과 같아졌다는 지나친 자신감으로 아시아 국가들을 침략했어요.

앉아요. 명성 황후와 그 친척들이 대표적이었어요. 명성 황후가 불러들인 청나라 군대도 나랏일에 간섭하며 개화파의 일을 방해했어요. 개화파는 벼슬에서 점점 밀려났고 이들이 준비하던 도로 만들기, 사관 학교 세우기, 경찰 제도 마련 등은 이루어지지 못했어요.

개화파는 근대화를 이루려면 명성 황후와 친척들을 몰아내고 자기들이 정권을 잡아야 한다고 생각했어요. 그래서 우정총국 낙성식(건물이 완성된 것을 축하하는 행사)이 열리는 날 정변을 일으키기로 했지요. 일본도 개화파를 돕겠다고 나섰어요. 개화파가 조선에서 청나라 군대를 몰아내면 일본이 더 많은 이익을 얻을 수 있으니까요.

3일 동안의 꿈

1884년 12월 4일(음력 10월 17일) 저녁, 여러 나라의 외교관과 조선 관리들이 우정총국에 모습을 나타냈어요. 그 중에는 명성 황후의 조카 민영익도 있었어요. 한때 개화파와 생각이 같았지만 언제부터인가 반대의 길을 걷고 있었지요. 우정총국 총판 홍영식과 김옥균, 박영효, 서광범 등 개화파도 손님들 틈에 끼어 있었습니다.

어느덧 휘영청 달이 밝고, 축하 잔치가 끝날 무렵이었어요. 갑자기 밖에서 다급한 외침이 들렸습니다.

"불이야! 불이야!"

불은 정변의 시작을 알리는 신호였어요. 손님들은 모두 놀라서 허둥거렸지만 민영익은 이상한 낌새를 눈치채고 재빨리 밖으로 나갔습니다.

민영익을 기다린 것은 개화파 행동대원들이었어요. 그들이 휘두른 칼이 민영익의 옷을 붉게 물들였습니다. 민영익은 잔치가 열리던 방으로 간신히 몸을 피했지만 그 자리에 푹 쓰러지고 말았어요. 우정총국은 아수라장이 되었습니다.

그 틈을 타 김옥균, 박영효, 서광범은 창덕궁으로 달려가 고종에게 거짓으로 알렸어요.

"칼을 든 무리들이 사방에 불을 지르며 난동을 피우고 있습니다. 궁궐이 위험하오니 경우궁(순조 임금을 낳은 수빈 박씨의 사당)으로 피하시오소서."

그때 밖에서 '쾅쾅' 하는 소리가 들렸어요. 개화파가 미리 설치해 둔 화약이었지요. 겁에 질린 고종은 개화파를 따르지 않을 수 없었어요. 궁궐에 있던 사람들도 임금을 따라 경우궁으로 황급히 발걸음을 옮겼어요. 미리 준비하고 있던 일본군은 곧장 달려와 경우궁 담장을 에워쌌습니다.

임금을 빼돌린 개화파는 날이 밝자마자 반대하는 관리들을 몰아내고 그 자리에 새로운 사람을 앉혔어요. 정변 둘째 날, 새로운 정부를 만든 것이지요.

셋째 날 아침에는 어떻게 정치를 할 것이라는 개혁안을 발표했어요. 개혁안에는 청나라에 바치던 조공을 없애고, 신분 제도를 없애 능력 있는 백성을 관리로 뽑고, 똑똑한 젊은이는 공부시켜 준다는 내용이 들어 있었지요. 양반 중심의 조선 사회를 근대 국가로 바꾸겠다는 개화파의 꿈이 고스란히 담겨 있었습니다.

갑신정변 개혁안의 주요 내용

- 임오군란 때 청나라에 잡혀간 흥선 대원군을 귀국시키고 청나라에 바치던 조공을 없앤다.
- 문벌을 없애 모든 백성을 평등하게 하고 능력에 따라 벼슬을 준다.
- 토지에 매기던 세금 제도를 고쳐 가난한 백성을 돕고 나라의 살림을 튼실하게 한다.
- 나라를 멍들게 한 탐관오리를 없앤다.
- 순사를 두어 도적을 막게 한다.
- 죄인들을 다시 조사하여 석방한다.
- 모든 국가 살림은 호조에서 관리한다.
- 불필요한 관청은 없앤다.

그러나 그날 오후, 청나라 군대가 들이닥치면서 개화파의 꿈은 산산조각이 났어요. 개화파 군인의 낡고 녹슨 무기로는 청나라 군대를 당해 낼 수 없었어요. 고종과 명성 황후는 청나라 군대 쪽으로 재빨리 몸을 피했고, 개화파는 창덕궁 앞에 있는 일본 공사관으로 도망쳤어요. 하지만 우정총국을 세운 홍영식은 끝까지 임금 곁에 남았다가 죽음을 맞고 말았습니다.

백성들은 갑신정변을 반역이라고 생각했어요. 그래서 일본 공사관이나 우정총국으로 몰려가 돌을 던지고 물건을 부수었어요. 백성들의 분노가 걷잡을 수 없자 일본 공사는 짐을 꾸려 일본으로 돌아갔어요. 김옥균, 박영효, 서광범, 서재필 등도 가마에 숨어서 일본 공사를 따라갔습니다.

서툴렀던 근대화 운동

사흘 만에 실패로 끝난 갑신정변을 '3일 천하'라고 부르기도 합니다. 왜 갑신정변은 3일 천하로 끝났을까요?

개화파의 몇 가지 큰 실수 때문이에요.

개화파는 먼저 옛 관리들을 자기편으로 끌어들이지 못했어요. 관리들은 정변이 일어나자 청나라 진영으로 달려가 한시 바삐 임금과 명성 황후를 구해 달라며 눈물을 흘렸어요. 명성 황후가 쓴 편지를 개화파 몰래 청나라 군대에 전하기도 했지요.

청나라를 몰아내기 위해 일본을 끌어들인 것도 잘못이었어요. 일본은 갑신정변을 반드시 성공시키겠다는 마음이 없었어요. 정변 후에는 청나라 군대가 올 것을 미리 알고 발을 빼려고 했지요.

백성의 마음을 헤아리지 않은 것은 무엇보다 큰 잘못이었습니다. 정변이 일어나자 백성들은 '난을 일으킨 무리가 조선 팔도를 하나씩 맡아 왕 노릇을 하려고 한다.', '일본과 개화파가 왕과 왕비를 죽였다.'는 소문을 전하며 화를 참지 못했어요. 근대화에 대한 기대보다 임금에 대한 충성심이 더 컸기 때문이에요.

그러나 갑신정변은 조선 스스로 근대 국가를 만들기 위해 노력했다는 점에서는 좋은 평가를 받고 있습니다.

한편, 고종은 개화파가 정변을 일으킨 것에 큰 충격을 받고 우편 사업을 중단시켰어요. 외교관이나 관리들이 다시 시작하자고 몇 번이나 말했지만 꿈쩍도 하지 않았지요. 조선에서 우편 사업이 다시 시작된 것은 갑신정변이 일어나고 10년도 더 지난 1895년의 일이었습니다.

벽지로 쓰인 우리나라 첫 우표

우리나라의 첫 우표는 다섯 종류의 '문(文)자 무늬 우표'예요. 모두 가운데 태극무늬가 있고, 둘레에 오(5)문, 십(10)문, 이십오(25)문, 오십(50)문, 백(100)문이라고 쓰여 있어요. 문은 당시 돈을 세던 단위였어요. '문(文)자 무늬 우표'는 갑신정변 때문에 엉뚱한 곳에 쓰이기도 했어요. 화가 난 백성들이 우정총국에 몰려와 물건을 부수고 우표도 길에 내다 버렸는데, 누군가 그 우표를 주워서 벽지로 사용했답니다.

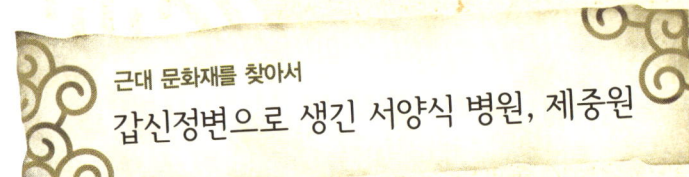

근대 문화재를 찾아서
갑신정변으로 생긴 서양식 병원, 제중원

갑신정변 때 크게 다친 민영익은 미국인 선교사 알렌의 응급 수술로 목숨을 구했어요. 민영익은 매우 고마워하며 알렌을 고종과 명성 황후에게 소개시켜 주었어요.

민영익을 살렸다는 소문이 퍼지자 알렌의 집에는 아픈 사람들이 구름처럼 몰려들었지만 집이 좁고 약품도 부족해 어려움을 겪었어요. 알렌은 고종에게 병원을 세워 달라고 부탁했어요. 고종은 갑신정변 뒤에 텅 비어 버린 홍영식의 집을 병원으로 쓰라고 허락했어요. 알렌은 집을 말끔하게 단장해 입원실, 진찰실, 수술실, 약국을 갖춘 병원으로 만들었어요. 처음 이 병원의 이름은 광혜원이었으나 며칠 뒤 제중원으로 바뀌었습니다.

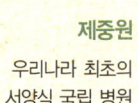

알렌 진단서
제중원 의사 알렌이 쓴
진단서 (등록 문화재 제445호)

제중원
우리나라 최초의
서양식 국립 병원

역사 상식
청일 전쟁

갑신정변이 실패로 끝난 뒤 일본은 일본 공사관이 불에 타고 사람이 다쳤다며 조선 정부에 책임을 물었어요. 그리고 일본은 청나라에게도 총을 먼저 쏜 책임이 있다며, 서로 부딪치지 않으려면 조약을 맺어야 한다고 했어요.

1885년 일본과 청나라는 톈진 조약을 맺고 '일본과 청나라 군대가 조선에서 동시에 떠날 것, 조선에 군대를 보낼 일이 있으면 서로에게 알릴 것' 등을 약속했어요.

그로부터 약 10년이 지난 1894년 봄, 농민들이 무거운 세금과 못된 관리의 횡포에 맞서 들고일어났어요. 전봉준, 손화중, 김개남 등 농민 지도자들은 세금 제도를 고치고, 신분 제도를 없애라고 강력히 요구하며 관군과의 싸움에서 승승장구했어요.

정부는 농민들의 힘에 깜짝 놀라 청나라에 군대를 보내 달라고 부탁했어요. 청나라 군대가 조선에 도착하자 일본도 톈진 조약을 핑계로 해군과 육군을 보냈어요. 조선에서 요청하지도 않았는데 말이에요.

농민군은 일본과 청나라 군대가 들어오자 싸움을 멈추기로 했어요.

정부도 두 나라 군대에게 조선에서 떠나라고 말했지요. 그러나 일본은 농민군과의 싸움이 끝나지 않았다며 버텼어요. 그러고는 청나라에 '농민군을 함께 무찌르고 조선의 정치를 새롭게 바꾸자.'라는 편지를 보냈어요.

하지만 청나라가 거절하자 일본은 인천 근처의 풍도에 머물던 청나라 함대를 공격하여 전쟁을 일으켰어요. 일본은 바다와 육지에서 큰 승리를 거두었지요. 일본은 아시아의 강대국으로 떠오르며 계획대로 조선을 손아귀에 넣을 수 있었습니다.

◦◦◦ 서양 학문 배우러 학당에 가요

- 이화 여고 심슨 기념관, 배재 학당 동관

빨간 벽돌로 지은 심슨 기념관과 배재 학당 동관은 학교가 흔하지 않던 시절에 교실로 쓰였던 건물이에요. 심슨 기념관은 6·25 전쟁 때 부서진 것을 다시 지었지만 배재 학당 동관은 1916년에 지어진 당시 모습을 그대로 간직하고 있어요. 두 건물에는 이화 학당과 배재 학당의 역사를 살펴볼 수 있는 전시관이 있답니다.

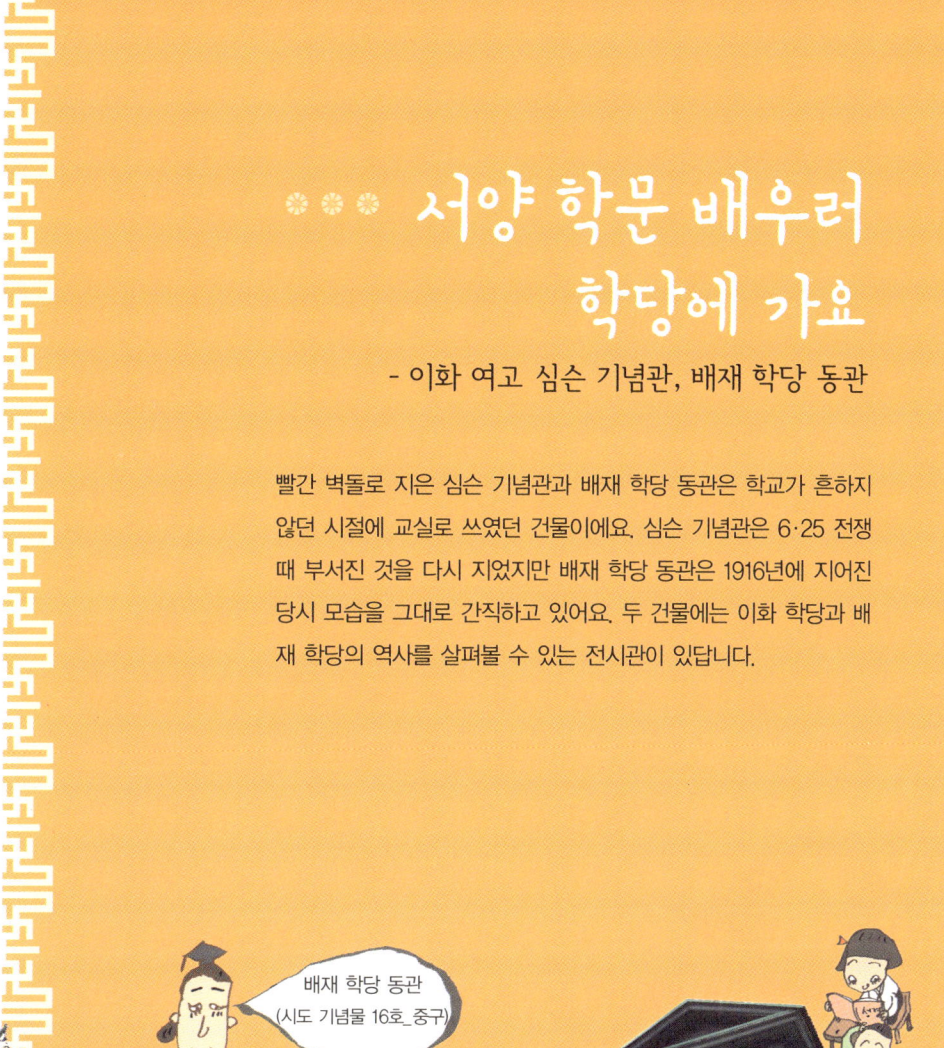

배재 학당 동관
(시도 기념물 16호_중구)

학생이 없는 학당

1886년 어느 추운 겨울날, 열 살 난 소녀 김점동은 아버지 손에 이끌려 학당에 갔어요. 이 학당은 미국인 선교사 스크랜턴 부인이 세웠는데 여자들만 들어갈 수 있었지요.

부인은 추위에 꽁꽁 언 점동에게 난로 가까이 오라고 손짓했어요. 그러나 점동은 선뜻 다가서지 못하고 부인과 아버지를 번갈아 쳐다보았습니다.

"아버지. 서양 도깨비가 나를 불 속에 집어넣지는 않겠지요?"

당시 조선 사람들은 생김새가 다른 서양인을 '서양 도깨비'라고 불렀어요. 점동도 처음 만나는 서양 사람이 낯설고 두려웠지만 부인의 따뜻한 미소에 마음이 놓였어요. 점동은 학당의 네 번째 학생이 되었습니다.

몇 해 뒤 점동은 학당을 마치고 미국의 의과 대학으로 유학을 떠났어요. 그리고 의사가 되어서 돌아왔지요. 조선의 첫 번째 여자 의사 박에스더가 바로 소녀 점동이었어요. '에스더'는 기독교식 이름이고 '박'은 미

국처럼 남편의 성을 따른 것입니다.

　에스더가 어린 시절 다녔던 학교는 바로 이화 학당입니다. 우리나라에 처음으로 세워진 여자 학교였어요. 이화 학당이 세워질 무렵 조선에서 여자들은 공부는커녕 바깥나들이조차 하지 않았어요. 그러니 학당이 문을 열어도 찾는 학생이 없었지요. 스크랜턴 부인은 집집마다 찾아다니며 딸을 학당에 보내라고 사정했지만 사람들은 문을 걸어 잠그고 숨기에 바빴어요.

　스크랜턴 부인은 가난한 집 어린이를 데려오거나, 병에 걸린 어린이를 치료해 주고 학당에 입학시켰습니다. 그러고는 옷과 음식을 주고 잠도 재워 주었어요. 학생들은 돈 한 푼 들이지 않고 기숙사 생활을 하면서 공부를 할 수 있었지요.

　학생이 많지 않으니 배우는 과목은 영어나 성경이 전부였고 서로 소꿉장난을 하며 시간을 보내기도 했어요. 학생이 한두 명씩 늘어나면서 한글 과목이 생기고, 성악, 한문, 수학, 역사, 과학 과목이 생겨났지요.

　그러나 이화 학당의 학생 수는 여전히 적었어요. 그러다 보니 새로 입학하는 학생들의 나이는 들쑥날쑥했고, 몇 해를 공부해야 졸업할 수 있는지도 정하지 못했지요. 총명한 학생은 외국으로 유학을 보내고, 내부분의 학생들은 결혼할 때까지 학당에서 지내게 했어요. 그래서 '이화 학당의 졸업식은 학생 결혼식'이라는 말이 있을 정도였어요.

학생은 많지 않았지만 여자 학당에 대한 사람들의 관심은 아주 컸어요. 이화 학당은 학생들에게 빨간색 한복을 교복으로 입혔는데, 사람들에게는 신기한 구경거리였어요. 이화 학당 학생들이 줄지어 소풍을 가는 것도, 서양식 결혼식을 올리는 것도 화제가 되었답니다.

시간이 지나면서 많은 학생들이 이화 학당으로 몰렸어요. 1899년부터 학비를 내는 학생이 생겼고 기숙사에 방이 부족해 집에서 다니는 학생도 있었어요. 몇 해 뒤에는 모든 학생이 입학금과 학비를 내게 되었지요. 여자도 배워야 한다는 생각이 조선 사회에서 조금씩 생기기 시작한 것입니다.

이후 이화 학당에는 훌륭한 여성들이 많이 찾아왔어요. 독립운동가이면서 교육자인 하란사, 고향 병천에서 만세 운동을 벌인 애국 열사 유관순도 이화 학당에서 공부했습니다.

영어를 배워 출세하세

스크랜턴 부인이 학당을 세울 무렵 미국인 선교사 아펜젤러도 정동에 집 한 채를 사서 교실을 만들었어요.

하란사

독립운동가이자 교육가인 하란사는 결혼한 뒤에 이화 학당에 입학했어요. 결혼한 여자들은 공부를 쉽게 그만둔다며 처음에는 입학을 거절당했지만 하란사는 몇 번이나 문을 두드려 입학 허가를 받아냈어요. 하란사는 누구보다 열심히 공부하여 미국 유학까지 다녀왔고, 이화 학당의 선생님이 되었어요. 일본이 조선을 강제 점령한 뒤에는 독립운동에 열심이었지요.

미국인 선교사들은 1882년, 조선과 미국이 '한미 수호 통상 조약'을 맺고 외교를 시작하자 조선에 왔어요. 조선 정부는 선교사들의 종교 활동은 허락하지 않았지만 학교나 병원을 세우는 일은 허락했어요. 선교사들은 서양식 학교나 병원을 세워 천천히 기독교를 알릴 생각이었어요. 아펜젤러도 같은 목적으로 학당을 열었어요.

학생이 없어 애를 먹던 이화 학당과 달리 아펜젤러의 학당은 문을 열자마자 학생들이 모여들었습니다. 학생들은 대부분 비슷한 생각을 품고 학당에 찾아왔어요.

'선생님이 미국 사람이니 이곳보다 영어를 배우기 좋은 곳이 어디 있겠어? 영어를 잘하면 벼슬하기도 쉬우니 학당에 가서 영어를 배워야지.'

당시 조선에서는 벼슬을 하려면 과거에 급제해야만 했어요. 그런데 서양과 조약을 맺고 새로운 기술이 쏟아져 들어오면서 사정이 달라졌어요. 외국 배가 들어오는 항구에는 영어를 잘하는 관리가 필요했고, 조선에 오는 외국인은 통역을 해 줄 사람을 원했어

왕실에서 세운 영어 학교

1886년, 조선 정부는 영어 학교인 육영 공원을 세웠습니다. 학생은 관리나 양반들의 자녀 가운데에서 뽑았고 선생님은 미국인 선교사들이 맡았어요. 교과서는 영어로 되어 있었고 수업도 영어로 했기 때문에 교실에는 늘 통역이 있었지요. 양반 자녀들은 영어 공부가 어려워 게으름을 피우고 조선 정부도 지원을 할 수 없게 되자 8년 만에 문을 닫았어요.

요. 영어를 할 줄 알면 출세 길이 활짝 열리는 셈이었지요. 갓 쓰고 한복 입은 학생들은 과거 공부 대신 미국인 선생님에게 알파벳을 배웠습니다.

한편, 고종은 아펜젤러의 소식을 듣고 '배재 학당' 이라는 이름과 간판을 내려 주었어요. 그러자 학생들은 더욱 늘었고, 아펜젤러는 학당 문을 연 지 2년 만에 벽돌로 새 학교를 지었지요.

새 학교에는 도서실과 지하 작업실 등이 있었습니다.

가난한 학생들도 돈을 벌며 공부할 수 있도록 일거리를 주었는데 작업실은 가난한 학생들의 일터였어요. 처음에는 붓이나 신발을 만들어 팔았지만 솜씨가 부족해서 제값을 받지 못했어요. 그러나 나중에는 인쇄소를 운영해 성공을 거두었습니다.

새로 지은 학당은 점차 질서를 잡아 갔어요. 수업이 시작하고 끝날 때 종을 울렸고 한 해에 두 번씩 시험을 쳤어요. 과목도 늘어서 한문, 과학, 음악, 미술 등을 배웠고, 야구, 축구, 테니스 같은 서양식 운동 경기도 시작되었습니다.

한편, 1894년에는 조선의 과거 제도가 완전히 없어졌어요. 그러자 과거 급제를 위해 서당에 다니던 젊은이들도 배재 학당으로 발걸음을 돌렸어요. 우리 나라의 첫 번째 대통령 이승만도 과거를 준비하다 친구를 따라 배재 학당에 입학했어요. 이승만은 '협성회'라는 토론 모임에 적극적이었어요.

국어학자인 주시경도 이승만과 같은 시기에 배재 학당을 다녔어요. 주시경도 서당에서 한문을 공부하다가 배재 학당에 들어왔어요. 주시경은 어려운 한자 대신 쉽고 아름다운 우리글을 연구하려고 학당에 입학했습니다.

두 사람이 자기 관심 분야에 얼마나 열심이었던지 친구들은 입을 모아 말했어요.

"주상호(배재 학당에 다닐 때 주시경이 쓰던 이름)는 조선어 연구를 하러 배재 학당에 다니고, 이승만은 토론 모임에서 정치를 하려고 배재 학당에 다닌다네!"

이처럼 배재 학당은 새로운 학문과 경험을 쌓을 수 있는 학교로 자리 잡았습니다.

학교를 세워 인재를 키우겠노라

선교사들이 세운 이화 학당이나 배재 학당은 오늘날 고등학교와 대학교로 발전했어요.

그럼, 어린이들이 다니는 초등학교는 언제 문을 열었을까요?

1895년 2월, 고종은 새로운 교육을 시작한다며 '교육 입국 조서'를 발표했어요.

"세계의 부강한 나라들은 국민이 모두 지혜롭다. 이것이 교육의 힘이다. 교육이야말로 국가를 지키는 뿌리이다."

이런 내용이 담긴 조서(임금의 명령을 널리 알리는 글)가 발표되면서 백성들은 양반이든 평민이든 똑같이 교육을 받게 되었어요.

조서가 발표되고 얼마 뒤에는 교사를 길러 내는 한성 사범 학교와 네 곳의 관립 소학교가 문을 열었습니다. 이 소학교가 바로 오늘의 초등학교입니다.

소학교가 막 문을 열었을 때, 한 교실에 모인 학생들은

● 우리나라의 첫 번째 초등학교

1894년에 문을 연 서울 교동 초등학교가 우리나라의 첫 초등학교예요. 네 곳의 관립 소학교가 생기기 1년 전에 '교동 왕실 학교'라는 이름으로 문을 열었어요. 이름에서 알 수 있듯이 왕실의 자녀들이 다니던 학교였습니다.

● 소학교에서 초등학교까지

초등학교의 맨 처음 이름인 '소학교'는 1906년에 '보통학교'로 바뀌었어요. 일제 강점기 때에 다시 '소학교'가 되었다가 1941년 '황국 신민의 학교'라는 뜻의 '국민학교'가 되었지요. 황국 신민이란 황제의 나라 일본의 백성을 가리키는 말이에요. '국민학교'는 1996년부터 '초등학교'로 바뀌었습니다.

코흘리개부터 청소년까지 다양했어요. 여덟 살부터 열다섯 살까지 입학할 수 있었기 때문이에요. 오늘날로 따지면 초등학생과 중학생이 한 교실에 앉아 한글을 배운 것이지요.

당시 소학교에서는 여섯 달마다 시험을 치고 합격한 사람만 학년이 올라갔어요. 방학을 며칠 앞두고 시험을 치고 합격자를 발표했어요. 그래서 방학식 때는 졸업식과 위 학년으로 올라가는 진급식이 함께 열렸지요.

방학식은 소학교의 가장 큰 행사였는데 지역 어른들이 찾아와 축하해 주며 상을 주었어요. 상품은 종이, 붓, 먹과 같은 학용품이었습니다.

가장 먼저 만들어진 교과서, 국민 소학독본

소학교가 문을 열면서 교과서도 만들어졌어요. '국민 소학독본'은 한글과 한문을 함께 쓴 교과서로 그림은 없었어요. 국어 교과서였지만 역사, 지리, 동·식물, 과학, 서양 문화 등을 두루 소개했어요.

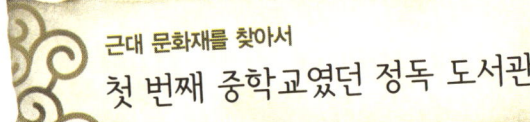
근대 문화재를 찾아서
첫 번째 중학교였던 정독 도서관

서울시 종로구 화동 언덕에 있는 정독 도서관은 원래 우리나라에서 가장 먼저 생긴 중학교였어요. 1900년에 문을 연 조선에 단 하나뿐인 중학교였지요. 그래서 이름도 없이 그저 '관립 중학교'라고 불렸어요. 관청에서 세웠다는 뜻이지요.

이곳에서는 열일곱 살부터 스물다섯 살까지의 청년들이 4년 동안 공부했어요. 관립 중학교는 얼마 뒤 경기 공립 중학교로 이름이 바뀌고 1938년에는 최신식 건물이 지어졌어요. 이 건물이 바로 지금의 정독 도서관이에요. 이곳은 갑신정변을 일으킨 김옥균의 집이 있었던 곳이기도 합니다.

정독 도서관
옛 경기 고교
(등록 문화재 제2호)

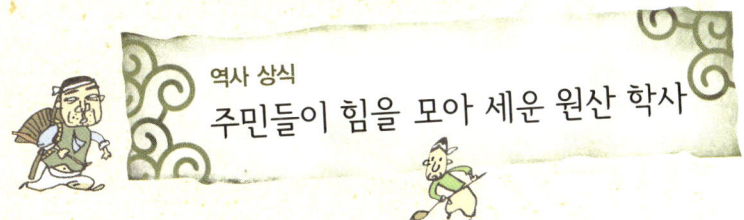

역사 상식
주민들이 힘을 모아 세운 원산 학사

❀ ❀ ❀

우리나라에 가장 먼저 들어선 근대식 학교는 1883년 함경남도 원산에 세워진 원산 학사입니다.

원산은 항구 도시였어요. 일본과 통상 조약(물건을 사고팔면서 일어나는 일을 처리하기 위해 나라와 나라가 약속을 맺는 일)을 맺은 뒤로 일본 상인들이 몰려왔지요. 일본 상인들은 마을을 이루어 생활하면서 횡포를 부리고 조선 사람에게 싸움을 거는 일도 많았어요.

원산 지역 주민들은 일본인의 횡포를 눈으로 보면서 외국 세력과 맞설 궁리를 했어요. 그리고 떠올린 방법이 똑똑한 젊은이들에게 새로운 학문을 가르치는 일이었습니다.

"외국의 학문을 모르면 지금처럼 이용만 당하고 말 것입니다. 하루 빨리 인재를 키워 외국에 맞섭시다."

"인재를 가르치려면 학교가 있어야 하니, 새로 오신 부사(조선 시대 도호부의 으뜸 벼슬)와 의논을 해 봅시다."

"그거 좋은 생각입니다."

주민들의 요청으로 원산 지역 관리인 정현석과 어윤중은 학교를 세우기 위힌 돈을 기꺼이 냈

어요. 주민들도 한 푼 두 푼 정성을 모았지요. 그렇게 만든 기금으로 서당을 고쳐 학교를 만들고 필요한 책을 샀습니다.

원산 학사는 서양 학교를 따라 한 것이 아니라, 조선의 형편에 맞춘 근대식 학교였어요. 문예반과 무예반으로 나누어 학생을 뽑았고, 실제 생활에 이용할 수 있는 산수, 농업, 누에치기 등을 가르쳤어요. 시험 성적이 우수한 학생에게는 벼슬길을 열어 주기도 했습니다.

••• 일본을 피해 궁궐을 나온 임금
- 옛 러시아 공사관

담 밖으로 비죽 솟은 하얀색의 건물은 집처럼 보이지 않아요. 이 건물은 바로 옛 러시아 공사관의 탑이랍니다. 공사관의 다른 건물은 6·25 전쟁 때 대부분 사라졌어요. 하지만 옛 러시아 공사관은 우리 근대사에서 중요한 부분을 차지하고 있지요.

옛 러시아 공사관
(사적 제253호)

궁궐을 빠져나온 가마

1896년 2월 11일 이른 아침, 고종과 왕세자는 여자 옷으로 갈아입고 두 대의 가마에 나누어 탔어요. 가마 앞쪽에는 상궁이 한 명씩 올라타서 뒤쪽에 앉은 임금과 왕세자를 가려 주었지요.

가마는 곧 궁궐 문 앞에 다다랐어요. 경비병이 아무 말 없이 통과시켜 준다면 고종은 감옥 같은 궁궐을 벗어날 수 있어요. 하지만 만약 가마 안을 들여다보기라도 하면 탈출 계획이 탄로 나 목숨을 잃을 수도 있었어요. 가마에 앉은 사람들은 모두 덜덜 떨었습니다.

고종과 함께 가마에 탄 엄 상궁이 떨리는 마음을 누르며 나지막하게 말했어요.

"염려 놓으세요. 제 가마는 늘 군말 없이 통과시켰으니 이번에도 별일 없을 것이옵니다."

엄 상궁의 말대로 경비병은 아무 말 없이 궐문을 열어 주었어요. 엄 상궁이 일주일 전부터 이 문을 지나다니며 경비병에게 약간의 돈을 쥐어

주었기 때문이에요. 가마에 앉은 사람들은 모두 안도의 한숨을 내쉬었습니다.

궁궐 밖에서 기다리고 있던 러시아 군대는 가마가 궐문을 빠져나오자 재빨리 둘러싸 보호했어요. 가마는 러시아 군대의 보호를 받으며 러시아 공사관으로 갔습니다.

고종이 러시아 공사관으로 피신한 이 사건을 '아관 파천'이라고 부릅니다. 아관은 러시아 공사관을 가리키는 말이고, 파천은 임금이 다른 곳으로 피하는 것을 말하지요. 임금이 궁궐을 버리고 피난하는 일은 전쟁이 아니면 있을 수 없는 일이에요. 그런데도 고종은 남의 나라 공사관으로 몸을 피했어요. 그뿐 아니라 계속 그곳에 머물며 신하들과 회의를 하고 나랏일을 보았지요. 넓은 궁궐을 두고 왜 그래야만 했을까요?

고종이 아관 파천은 넉 달 전, 명성 황후가 일본인 손에 목숨을 잃은 것과 관련이 있어요.

🟠 **아관 파천을 이끈 엄 상궁**

엄 상궁은 러시아와 친한 관리들과 손을 잡고 고종을 러시아 공사관으로 피신시켰어요. 대한 제국의 마지막 황태자인 영친왕의 어머니로 뒤에 황귀비가 되었고, 진명 여학교, 명신 여학교 등을 세워 여성 교육에 힘썼어요.

왕비의 죽음과 임금의 공포심

나랏일을 좌지우지하던 명성 황후는 권력을 튼튼히 하려고 청나라와 가깝게 지냈어요. 나라에 큰일이 있을 때마다 청나라 군대를 불러 도움을 받았지요. 그래서 청나라는 조금씩 조선의 정치에 간섭하기 시작했고 조선도 청나라 뜻을 따를 수밖에 없었어요.

일본은 조선을 청나라에 빼앗길까 봐 조바심을 내다가 청일 전쟁을 일으켰습니다. 청일 전쟁은 일본의 승리로 끝이 났어요. 일본은 청으로부터 어마어마한 배상금을 받아 냈고 중국 땅이던 대만을 식민지로 삼았어요.

믿었던 청나라가 전쟁에서 패하자 명성 황후는 화들짝 놀랐습니다.

'청나라보다 힘이 센 나라, 일본과 싸워 이길 만한 나라가 어디일까? 그래, 러시아! 러시아와 친하게 지내야 일본을 막아 낼 수 있어.'

명성 황후는 러시아 외교관을 자주 불러 이야기를 나누었고 러시아와 가깝게 지내던 조선 사람들을 관리에 앉혔어요.

명성 황후의 마음이 러시아 쪽으로 기울자 일본은 크게 당황했지요. 전쟁까지 치르며 청나라를 물리쳤는데 또다시 강한 상대가 나타났으니까요.

이즈음 일본은 '미우라 고로'라는 새 외교관을 조선에 보냈는데, 미우라는 부임하자마자 무서운 음모를 꾸몄어요. 일본에 방해가 되는 명성 황후를 없애는 것이었지요. 1895년 10월 8일(음력 8월 20일) 새벽, 미우라는 일본 불량배들을 궁궐에 잠입시켜 명성 황후를 참혹하게 살

해했습니다. 한 나라의 왕비를 무자비하게 짓밟은 이 사건이 바로 '을미사변'이에요.

명성 황후를 없앤 일본은 친일파 관리들을 내세워 조선 조정을 마음대로 다루었어요. 일본 군대를 궁궐에 보내 임금을 감시하고 정치나 사회 제도를 일본에 편리한 쪽으로 바꾸게 했습니다. 특히 머리카락을 짧게 자르게 하는 '단발령'을 강요해 백성들의 반발을 샀어요. 그러자 일본은 고종에게 모범을 보이라고 요구했고 결국 고종은 머리카락을 잘라야 했지요.

일본의 간섭이 갈수록 심해지자 고종은 공포에 떨었어요. 명성 황후처럼 어느 날 갑자기 목숨을 잃지는 않을까, 나라를 통째로 빼앗기지는 않을까 늘 불안했어요. 궁에서 만든 음식은 독이 들었을지 모른다며 손도 대지 않고, 삶은 달걀이나 깡통에 든 우유만 먹었지요. 밤에는 권총을 가진 서양인을 옆방에 두고도 여전히 마음을 놓을 수가 없었습니다.

고종은 위험한 궁궐을 벗어나기로 마음먹고 러시아 공사에게 도와달라는 편지를 보냈어요.

"중전을 해친 무리들이 나를 위협하고 있소. 단발령 때문에 온 나라가 시끄러운 틈을 타 나와 내 아들을 죽일지도 모르오. 우리가 비밀리에 아관(러시아 공사관)으로 갈

을미사변을 목격한 러시아 사람 사바친

러시아 건축가인 사바친은 1883년부터 러일 전쟁 때까지 약 23년 동안 조선에 머물렀어요. 그동안 러시아 공사관, 프랑스 공사관, 중명전 등 여러 서양식 건물을 설계했지요. 특히 사바친은 을미사변을 직접 목격하고 '사바친 보고서'를 남기기도 했어요. 사바친 보고서에는 총칼을 든 일본인이 궁궐에 침입해 궁녀들을 끌고 간 일 등이 생생하게 담겨 있어요.

테니 보호해 주기 바라오."

고종의 요청을 받은 러시아도 선뜻 공사관을 빌려 주겠다고 나섰어요. 한 나라의 임금을 보호하는 것이 손해 날 일은 아니었으니까요.

러시아는 고종을 공사관에 머물게 하면서 많은 이익을 챙겼어요. 나무를 베어다 팔고, 광산을 개발하고, 고래잡이도 할 수 있게 되었지요. 이런 혜택은 러시아뿐 아니라 다른 나라에도 주어졌어요. 미국은 경인선 철도 사업권을 가져갔고, 러시아와 가깝던 프랑스는 경의선 철도 사업권을 얻어 갔습니다.

황제의 나라를 선포하다

임금의 공사관 생활이 길어질수록 서양 강대국들은 조선에서 많은 것을 가져갔어요. 그러자 백성들은 고종에게 궁궐로 돌아오라고 요구했어요. 특히 독립 협회가 앞장서서 환궁(궁궐로 돌아옴)을 주장했어요.

"임금님이 러시아 국기 밑에서 러시아 군사의 보호를 받으시면 다른 나라에 웃음거리가 될 뿐입니다. 빨리 궁궐로 돌아오십시오."

고종은 이 핑계 저 핑계를 대다가 1년 만에 경운궁(지금의 덕수궁)으로 돌아갔습니다. 임금이 궁궐로 돌아오자

🟡 중국은 세계의 중심?

예전부터 동아시아에서는 중국을 세상의 중심이라고 여겼어요. 이 생각은 오랫동안 동아시아의 질서로 굳어졌고 주변의 나라들은 중국을 존중해야 했어요. 조선도 마찬가지여서 중국에 귀한 선물을 보내고, 해가 바뀔 때마다 달력을 받아왔어요. 새 왕이 등극(왕위에 오르는 일)하면 중국 황제에게 알리고 임명장을 받기도 했지요. 그러나 조선은 중국의 정치 간섭을 받지 않았고, 중국 문화의 영향을 받았지만 독창적으로 발전시켰어요.

신하들은 황제의 나라가 되자는 상소를 올렸어요.

황제는 나라를 다스리는 사람 중에서 가장 높은 자리였어요. 그동안 조선은 중국을 섬기는 왕의 나라였기 때문에 황제라는 이름을 쓰지 못했어요. 그러나 바다 건너에 있던 일본은 중국의 간섭을 덜 받았기 때문에 오래전부터 왕을 '천황'이라고 불렀어요.

신하들은 조선이 일본이나 중국과 같은 자주 독립 국가가 되었으니 왕을 황제로 높여 불러야 한다고 주장했어요.

"우리 나라는 자주적인 국가이니 마땅히 황제라고 불러야 합니다. 백성들이 모두 원하니 황제의 자리에 오르시옵소서."

고종도 신하들의 뜻을 받아들였어요. 환구단을 쌓아 하늘에 제사 지내고 황제 즉위식을 갖기로 했지요.

1897년 10월 12일, 군사들이 경운궁부터 환구단까지 길게 늘어섰어요. 백성의 집과 관아에는 전날 밤부터 환한 등불이 내걸렸고 태

🟡 황제의 상징, 황색

동아시아에서 황색(노랑)은 황제를 상징하는 색입니다. 그래서 조선에서는 왕이라 해도 황색 옷을 입을 수 없었어요. 고종은 황제 즉위식을 하면서 비로소 황색 곤룡포를 입었습니다.

극기도 나부꼈습니다.

고종은 황색 곤룡포를 갖춰 입고 황제의 자리에 올랐어요. 조선은 '대한 제국'이 되었고, 헌법인 '대한국 국제'가 선포되었지요.

대한 제국은 근대 국가로 가기 위해 여러 가지 새로운 제도를 마련했어요. 군대를 더 많이 만들어 신식 훈련을 시키고, 태극기를 사용하고, 처음으로 국가를 만들어 불렀어요. '하느님, 우리 황제를 보호하소서.'로 시작하는 이 노래는 지금의 애국가와는 다른 국가였어요.

또 농업, 공업, 상업과 같은 산업 발전에 관심을 갖고 유리 공장, 방직 공장 등을 지었고 학교도 세웠습니다. 궁궐에는 전기가 들어왔고 서울 거리에는 전차가 달렸어요. 서울, 평양, 인천 등 주요 도시에 전화가 놓이고 전국에 우체국이 생겨났지요. 또한 간도와 독도에 관리를 보내 백성을 보호하고 대한 제국의 땅이라는 사실을 확실히 밝혔습니다.

그러나 황제의 권력이 지나치게 강화되면서 백성의 믿음을 얻지 못하고, 경제적 어려움까지 겹쳤어요. 게다가 주변 강대국들은 각자의 이익을 챙기기 바빴지요.

러시아는 아관 파천이 끝났는데도 대한 제국의 군대와 재정(나라의 돈을 관리하는 일)을 멋대로 휘둘렀어요. 또 러시아 군대가 머물 땅을 내놓으라고 요구했지요. 이런 움직임 속에서 일본은 대한 제국을 확실히 차지하기 위해 러시아와 전쟁을 벌였어요. 일본은 청일 전쟁에 이어 러일 전쟁에서도 승리를 거두었지요. 대한 제국의 운명은 바람 앞의 등불이 되었어요.

러일 전쟁

일본은 청일 전쟁에서 받은 배상금으로 무기를 사고 군대의 힘을 키웠어요. 그러고는 서양 강대국인 러시아에 전쟁을 선포했지요. 고종이 재빨리 중립을 선포하며 누구의 편도 들지 않겠다고 했지만 일본은 이를 무시하고 마산, 제물포, 원산 등의 항구에 식량과 무기 창고를 세웠어요. 이 전쟁에서 승리한 일본은 대한 제국의 외교권을 빼앗을 수 있었어요.

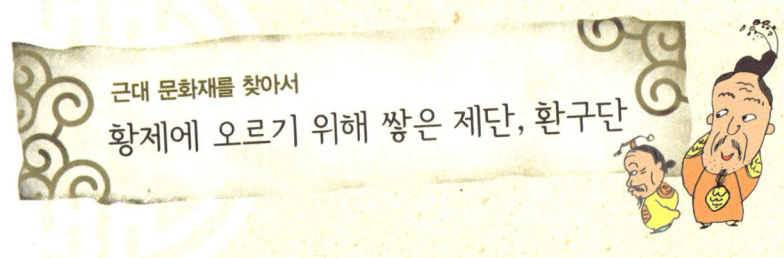

근대 문화재를 찾아서
황제에 오르기 위해 쌓은 제단, 환구단

환구단은 고종이 황제에 오르기 전에 쌓은 제단이에요. 원구단이라고도 불러요. 단을 쌓고 하늘과 땅에 제사 지내는 제천 행사는 오래 전부터 있던 풍습이지만 조선은 황제의 나라가 아니라는 이유로 열지 않았어요. 고종이 황제의 자리에 오르면서 다시 시작되었어요. 뒤에 일제는 제단을 헐고 그 자리에 조선 철도 호텔(지금의 조선 호텔)을 지었어요. 지금은 팔각지붕의 황궁우, 용무늬가 새겨진 돌북, 세 개의 출입문이 남았고 다른 곳에 있던 정문은 제 자리로 돌아왔어요..

환구단
(사적 157호)

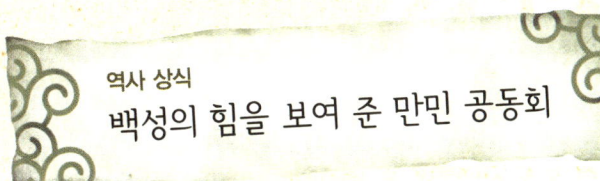

역사 상식
백성의 힘을 보여 준 만민 공동회

아관 파천으로 권력을 키운 러시아는 대한 제국의 정치에 깊숙이 간섭하며 더 많은 이익을 챙기려고 했어요. 러시아 장교를 보내 대한 제국 군대를 훈련시키고, 나라 살림을 책임지는 재정 고문에 러시아 사람을 앉혔어요. 한러 은행을 세워 대한 제국의 화폐를 발행하고 나랏돈을 관리하겠다고 나섰고, 부산의 절영도(지금의 영도)를 러시아 해군이 사용하게 해 달라고 요구했지요.

이처럼 강대국의 무리한 요구가 이어지자 백성들은 거리에 나와 공동 회의를 열었어요. 이 모임을 만민 공동회라고 부릅니다. 만민 공동회는 독립 협회의 제안으로 처음 시작되어 점점 백성들 스스로 참여하게 되었어요. 참가한 사람들도 학생, 상인, 여자, 어린이까지 매우 다양했지요.

첫 번째 만민 공동회는 1898년 3월 10일 종로에서 열렸어요. 사람들은 쌀가게 주인 현덕호를 회장으로 뽑고, 시민들과 독립 협회 회원들은 백목전(천을 팔던 가게) 다락에서 연설을 했어요. 모임이 끝난 뒤에는 '군사와 나라 살림을 러시아에 맡기는 것은 국민이 원하지 않는 일이니, 러시아인 고문을 내보내라.'는 편지를 정부에 보냈지요.

  대한 제국 정부나 러시아는 백성들의 요구에 깜짝 놀랐어요. 결국 러시아 장교와 고문은 대한 제국을 떠났고 한러 은행도 문을 닫았어요. 백성의 힘을 보여 준 놀라운 사건이었지요.

  그 뒤에도 백성들은 여러 차례 만민 공동회를 열었어요. 백성들의 활동이 점차 활발해지자 정부는 겁을 먹고 만민 공동회를 강제로 흩어지게 했어요. 만민 공동회는 백성이 주인이 되어 나랏일을 결정하는 민주주의가 싹트는 데 중요한 역할을 했습니다.

••• 총칼을 앞세운 조약
- 중명전

러시아 공사관에서 경운궁으로 돌아간 고종은 서양식 건물 몇 채를 궁궐 안에 지었어요. 중명전도 그 중 하나인데, 황실 도서관으로 이용되었지요. 1904년, 경운궁에 불이 나 대부분의 건물이 피해를 입자 고종은 중명전에서 나랏일을 보았어요. 얼마 뒤 절대 잊을 수 없는 부끄러운 역사의 한 장면이 이곳, 중명전에서 일어났습니다.

중명전
(사적 제124호인 덕수궁의 일원)

강제로 맺은 조약

1905년 11월 초, 총칼을 든 일본 군인들이 훈련을 한다며 서울 거리를 누볐어요. 큰 소리를 내며 행진을 하고 총칼을 철거덕거리며 전쟁 훈련을 했지요. 이 훈련은 사람들을 무서움에 떨게 만들었어요.

그 시각 중명전에서는 이토 히로부미가 을사조약을 맺자며 고종 황제를 재촉했어요. 을사조약은 '대한 제국의 외교를 일본이 대신하고, 이를 감독하기 위해 통감을 파견한다.'는 내용이었어요. 이토 히로부미는 을사조약이 대한 제국과 동아시아의 평화를 위한 일이라며 억지를 부렸습니다.

"일본은 전쟁까지 치르며 대한 제국과 동아시아의 평화를 지켰습니다. 우리는 이 평화가 오래 가기를 바랍니다. 그래서 힘없는 대한 제국

의 외교를 일본이 대신하려는 것입니다."

이토 히로부미는 일본의 군사력을 자랑하며 고종 황제를 위협했어요. 그러나 고종 황제는 나라의 소중한 권리를 내줄 수 없었습니다.

"아무리 황제라도 중요한 나랏일을 멋대로 결정할 수 없소. 대신들과 상의하고 백성들의 생각을 물은 후에 결정할 것이오."

"백성이 반대한다면 군대로 막을 것입니다. 폐하께서 두 나라의 우정을 위해 현명한 결정을 하실 것이라 믿습니다."

이토 히로부미는 이 말을 마치고 숙소로 돌아갔어요. 그런 뒤에 조정의 대신들을 불러 모아 그럴 듯한 설득과 냉정한 협박을 번갈아 가며 했지요.

이토 히로부미를 만나고 온 대신들은 이틀 동안 회의를 열었어요. 그동안에도 일본군은 궁궐 앞에서 훈련을 벌이고 있었지요. 처음에는 대신들 모두 조약에 반대한다고 입을 모았지만 슬금슬금 다른 의견이 나왔어요.

"반대만 한다고 될 일이 아닙니다. 차라리 조약의 내용을 빼거나 고쳐서 체결하는 편이 좋겠습니다."

학부대신 이완용이었어요. 직접 찬성한다고 하지 않았지만 조약을 체결하는 게 당연하다는 말투였지요. 농상공부대신 권중현이 이어서 말했습니다.

"국가의 체면이 걸린 일인데 황실의 안녕과 존엄을 보장한다는 내용이 없습니다. 그러니 조약에 이 말을 넣어야 합니다."

을사조약은 늑약

조약은 두 나라가 합의해서 맺는 약속이에요. 그러나 을사조약은 일본의 협박으로 억지로 맺었다고 해서 '을사늑약' 이라고도 부릅니다. '늑약' 은 억지로 맺는 조약이라는 뜻이에요.

나라의 소중한 권리를 내주는 마당에 황실을 걱정하다니, 앞뒤가 맞지 않는 일이었지만 몇몇 대신은 옳다며 맞장구까지 쳤어요. 대신들은 나라와 백성의 운명을 앞에 놓고 무책임한 말들만 늘어놓고 있었습니다.

이토 히로부미가 대신들 앞에 나타난 것은 11월 17일 오후였어요. 총과 칼을 든 일본 군사들까지 데리고 와서는 조약 체결을 찬성과 반대로 결정하겠다며 다그쳤습니다.

"여러분의 의견을 말하시오. 조약 체결에 찬성이요? 반대요?"

여덟 명의 대신 중 참정대신 한규설과 탁지부대신 민영기가 반대라고 말했어요. 법부대신 이하영과 외부대신 박제순은 이도저도 아니어서 이토 히로부미의 핀잔을 들었고 이완용, 이지용, 이근택, 권중현은 조약에 찬성했어요.

이토 히로부미는 찬성이 많으니 조약은 체결된 것이라고 외쳤어요. 그런 다음 대신들이 요구한 내용을 그 자리에서 조약안에 써 넣었어요. '일본 정부는 대한 제국 황실의 안녕과 존엄을 보장한다.' 는 내용이었지요. 그러고는 외부대신의 도장을 빼앗아 조약안에 찍었습니다.

을사조약 주요 내용

1. 일본 정부는 대한 제국의 외교에 관한 모든 사무를 감독 지휘한다.
2. 대한 제국은 일본 정부를 거치지 않고 다른 나라와 조약을 맺지 못한다.
3. 일본 정부는 대한 제국 황제 아래 한 명의 통감을 두고 외교에 관한 사항을 관리하며 통감은 황제를 만날 수 있는 권리가 있다.
4. 일본과 대한 제국 사이의 조약은 계속해서 효력을 갖는다.
5. 일본 정부는 대한 제국 황실의 안녕과 존엄을 보호한다.

을사조약은 무효라고 외쳤지만

"……천만 뜻밖의 오조약이 어찌하여 나왔는가?…… 단군 이래 4천년 국민정신이 하룻밤 사이에 멸망하고 만단 말인가. 아, 원통하고 원통하도다."

을사조약 사실을 알게 된 장지연은 황성신문에 이런 내용의 사설을 실어 분한 마음을 나타냈습니다. '오늘 하루 목 놓아 우노라'는 제목의 사설을 사람들은 읽고 또 읽으며 울었습니다. 종로의 상점들은 문을 굳게 닫아 걸었고, 사람들은 경운궁 앞에 나와 시위를 벌였습니다.

민종식, 최익현, 신돌석 등이 의병을 일으켰고, 조정 관리들은 조약 체결에 앞장선 을사오적을 처벌하라고 상소를 올렸어요. 민영환은 '2천만 동포가 힘을 합쳐 자유

🌼 을사오적

조약을 체결하는 데 앞장선 이완용, 이지용, 이근택, 권중현, 박제순을 말합니다. 사람들이 을사오적을 당장 처벌하라고 아우성치자 이완용은 변명을 늘어놓기 바빴어요. 외교권을 일본에 잠시 맡긴 것뿐이고 나라가 부강해지면 되찾을 수 있다고 말이에요. 그러나 외교권을 되찾기는커녕 나라를 통째로 내주는 일에도 앞장섰습니다.

을씨년스럽다

을사년의 거리 풍경을 빗댄 말인 '을사년스럽다'에서 나왔어요. 을사조약을 맺던 날, 일본군은 시내에서 훈련을 하고 궁궐을 포위하며 험악한 분위기를 만들었어요. 때마침 겨울 추위까지 닥치면서 날씨와 사람들의 마음은 차갑게 얼어붙었지요. 그 뒤부터 날씨나 분위기가 쓸쓸하고 차가운 것을 '을사년스럽다'고 했는데, 사람들의 입에 오르내리면서 '을씨년스럽다'로 바뀌었어요.

와 독립을 찾으라.'는 글을 남기고 목숨을 끊었지요. 뒤를 이어 조병세, 홍만식도 죽음으로 조약에 반대했어요.

고종 황제도 세계 여러 나라에 비밀 편지를 보내 을사조약은 옳지 않다고 주장했어요.

"을사조약은 위협을 받아 강제로 이루어진 것이고, 짐은 이 조약을 인정한 적이 없습니다. 그러므로 이 조약은 무효입니다."

고종 황제의 주장에는 이유가 있었어요. 나라 사이의 조약이라면 당연히 황제의 옥새를 찍어야 하는데 을사조약문에는 외부대신 박제순의 도장만 찍혀 있었지요.

그러나 고종 황제의 뒤늦은 노력은 소 잃고 외양간 고치는 일이었어요. 서양 여러 나라들은 이미 을사조약을 인정하고 있었거든요. 일본은 러일 전쟁을 치를 때부터 다른 나라를 설득해 왔어요. 미국과는 비밀 조약을, 영국과는 동맹(정치나 군사 문제에서 서로 돕겠다는 나라들 사

이의 약속)을 맺고, 대한 제국 지배를 인정받았어요. 대신 일본은 미국의 필리핀 지배와 영국의 인도 지배를 인정했지요. 곧이어 독일, 프랑스, 러시아도 서울에 있던 외교관을 자기 나라로 불러들였습니다.

  그러나 고종 황제는 포기하지 않고 네덜란드 헤이그에서 열리는 평화 회의에 특사(특별한 임무를 갖고 외국에 나간 사람)를 파견했어요. 고종 황제는 중명전으로 찾아온 이준에게 편지를 써 주고 러시아에서 이상설과 이위종을 만나 헤이그에 가라고 일렀어요. 세계 각국의 대표들이 모이

🏵 **조선을 도운 외국인들**

미국인 헐버트는 배재 학당, 한성 사범 학교 등에서 교사로 일했고, 'KOREA REVIEW'라는 잡지를 발행해 한국의 문화, 역사, 예술 등을 세계에 소개했어요. 고종 황제의 비밀 특사로 활동하며 일본의 침략을 국제 사회에 알렸지요. 고종 황제의 자문관으로 일하던 프랑스인 트레믈레는 고종의 비밀 편지를 독일 정부에 전해 주었어요. 영국인 신문기자 스토리는 취재를 위해 궁궐을 방문했다가 고종 황제의 비밀 편지를 숨기고 돌아가 영국 신문에 크게 실었습니다.

는 헤이그 평화 회의에서 을사조약이 무효라고 알리면 강대국들이 다시 외교관을 보낼 것이라고 믿었지요.

그러나 헤이그에 간 세 특사는 일본의 방해와 강대국의 무관심으로 회의장에 들어가지도 못했어요. 이위종이 기자들 앞에서 '한국의 호소'라는 연설을 해 신문에 실린 것으로 만족해야 했어요.

헤이그 특사들은 조국으로 돌아오지도 못했어요. 이준은 호텔에서 갑작스레 목숨을 잃었고, 이위종과 이상설은 이준의 장례를 치른 뒤 다른 나라로 떠났습니다.

황제의 자리를 물려주다

헤이그에 특사를 파견한 일로 고종 황제는 궁지에 몰렸어요. 조선 통감 이토 히로부미는 일본에 나쁜 마음을 먹으면 전쟁이 벌어질 수도 있다며 길길이 뛰었어요. 송병준, 이완용 등 친일파 대신들은 이토 히로부미의 서슬에 놀라서 고종 황제를 몰아세우기 시작했어요.

"헤이그 사건은 폐하의 잘못이 매우 크옵니다. 그 때문에 일본이 크게 화를 내고 있으니 황제 자리를 황태자에게 물려주시기 바랍니다. 그것만이 나라를 구하는 길이옵니다."

고종 황제는 참다못해 소리를 질렀어요.

"경들은 도대체 누구의 신하란 말이냐! 짐은 죽는 한이 있어도 물러나지 않겠다!"

그러나 친일파 대신들은 눈 하나 깜짝하지 않았어요. 일본에 자기 나라를 곱게 바친 친일파 대신들이니 황제의 말이 무서울 리 없었지요. 고종 황제는 하는 수 없이 황제 자리에서 물러나고 순종이 뒤를 이었어요.

일본은 순종 황제를 허수아비 황제로 앉히고 대한 제국을 손아귀에 움켜쥐었어요. 통감의 권리를 키우고 수많은 일본인을 대한 제국의 관리로 임명했지요. 무기 창고를 비밀리에 차지하고 군대까지 해산시켰어요. 군대 해산식이 벌어지던 날, 이에 항의하는 군인들은 남대문과 서소문 부근에서 일본군과 맞서 싸웠어요. 대한 제국 군인의 마지막 전투였지요. 그러나 총알이 턱없이 부족해 전투는 3시간 만에 끝이 났습니다.

군대마저 빼앗긴 대한 제국이 일본의 식민지가 되는 것은 그야말로 시간 문제일 정도였습니다.

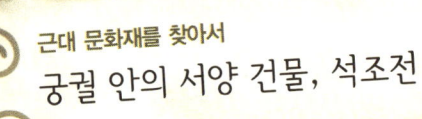

근대 문화재를 찾아서
궁궐 안의 서양 건물, 석조전

　석조전은 경운궁(지금의 덕수궁) 안에 지어진 서양식 건물로 유럽의 궁정을 본 땄어요. 황제가 일상생활을 하며 손님을 맞던 곳이에요. 화재 위험을 막기 위해 돌로 지었고 현관에는 대한 제국의 상징인 배꽃이 새겨져 있어요. 내부는 서양식 가구와 벽난로, 화려한 전등으로 장식했어요.
　1919년, 경운궁에 머물던 고종 황제가 세상을 뜨면서 석조전은 일본 그림을 전시하는 미술관으로 바뀌었습니다.

석조전

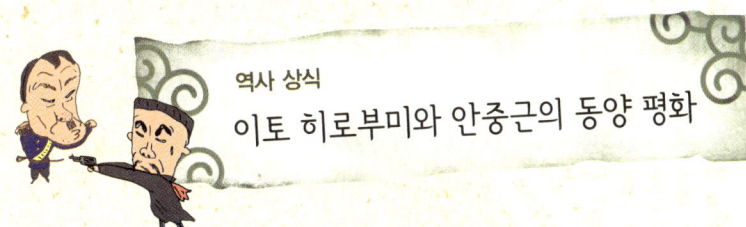

역사 상식
이토 히로부미와 안중근의 동양 평화

1905년 11월 15일, 일본의 근대화를 이끈 이름난 정치가 이토 히로부미는 고종 황제에게 이렇게 말했습니다.

"동양의 평화를 영원히 지키려면 한국과 일본이 튼튼히 맺어져야 합니다."

1910년 2월 7일, 이토 히로부미를 암살한 이유로 법정에 선 안응칠(재판 당시 안중근이 사용하던 이름)은 재판관에게 이렇게 말했습니다.

"내가 이토 히로부미를 죽인 것은 대한국 의군 참모 중장으로서 한국의 독립과 동양의 평화를 위해 한 일이오."

이처럼 이토 히로부미와 안중근, 두 사람은 모두 동양 평화를 강조했어요. 그러나 두 사람이 말하는 평화는 너무나 달랐습니다.

일본은 러일 전쟁을 벌이는 이유로 한국의 독립과 동양의 평화를 들었어요. 서양 강대국이 한국을 차지하면 동양의 평화가 깨지니까 일본이 맞서 싸운다는 주장이었지요. 당시 러시아를 두려워한 많은 한국인이 일본의 말을 사실로 믿고 일본군을 응원했어요. 안중근도 그런 사람 가운데 하나였어요.

그러나 일본은 러일 전쟁이 끝나자 또다시 동양 평화를 들먹이며 을사조약을 강요했어요. 동양 평화를 위해 한국을 보호한다더니 외교권을 빼앗아 갔지요. 게다가 고종 황제를 내쫓고 군대까지 해산시켰어요. 전국에서 일어난 수많은 의병은 일본군의 총에 비참하게 죽어 갔습니다. 이토 히로부미는 이런 일을 꾸미고 지휘하는 데 앞장섰어요.

　안중근은 일본과 이토 히로부미가 남의 나라를 침략하여 동양 평화를 해쳤다고 생각했어요. 언젠가는 이토 히로부미를 없애기로 마음먹고 러시아로 가서 '대한의군'을 만들었어요. 그리고 1909년 10월 26일, 만주 하얼빈 역에 나타난 이토 히로부미에게 방아쇠를 당겼습니다.

　그 자리에서 체포되어 뤼순 감옥에 갇힌 안중근은 '동양 평화론'을 써 내려갔습니다. 비록 완성은 못했지만 안중근의 생각이 고스란히 담겼지요.

　이 책에서 안중근은 동양 평화를 위해 일본은 강제로 빼앗은 뤼순을 중국에 돌려주어야 한다고 주장했어요. 또 한·중·일 세 나라가 평화 회의를 열고, 공동으로 은행을 만들고, 군대를 함께 훈련하자는 제안도 했지요. 안중근의 주장은 서유럽 국가들의 협력체인 오늘날의 유럽 연합(EU)과 성격이 비슷합니다.

　안중근의 '동양 평화론'은 시대를 앞선 참으로 훌륭한 생각이었지요.

··· 교육은 독립의 기초
- 옛 서북 학회 회관

일제 강점기 때 지어진 대부분의 건물들처럼 붉은색 벽돌을 쌓아 지었어요. 서북 학회 회원들이 낸 기부금으로 짓기 시작해 1909년에 완성했는데, 당시 서울에서 손꼽힐 정도로 컸어요. 서북 학회는 한국인의 힘으로 지은 이 건물을 무척 자랑스러워했어요. 원래는 종로에 세워졌지만 지금은 건국 대학교 안으로 옮겨져 박물관으로 쓰이고 있습니다.

건국 대학교
옛 서북 학회 회관
(등록 문화재 제53호)

교육이 힘이다

을사조약이 강제로 체결된 뒤 우리나라에서는 모두가 교육을 외치고 있었어요. 내로라하는 지식인들이 '나라의 권리를 되찾는 방법은 교육뿐이다.', '서양은 어린이를 학교에 보내지 않으면 부모가 벌을 받는다.'며 교육을 강조했습니다.

지식인들은 외교권을 빼앗기자 교육을 통해 나라의 힘을 키워야 한다고 생각했어요. 그래서 학회를 세워 사람들을 교육시키기로 했어요. 서북 학회를 비롯해 호남 학회, 호서 학회, 기호 흥학회, 관동 학회 등

이 계속해 설립되었습니다. 서북, 호남, 기호 등의 이름은 학회가 서북 지역, 호남 지역, 기호 지역을 중심으로 활동했기 때문에 붙여졌어요.

학회가 세워진 곳은 서로 달랐지만 하는 일은 거의 비슷했어요. 국민의 생각을 일깨우려고 한 달에 한 번씩 잡지를 펴내고 전국을 다니며 연설을 했어요. 무엇보다 중요한 활동은 젊은이를 가르치기 위해 학교를 세운 일이었어요. 학회 안에 학교를 둔 것은 물론이고 마을의 뜻있는 사람에게도 학교를 세우도록 권했어요.

"젊은이를 가르치지 않으면 우리나라의 미래는 깜깜한 암흑이 되고 맙니다. 우리 고장과 나라를 위해 학교를 세워 주세요. 어려운 일은 학회에서 힘껏 돕겠습니다."

학회의 활동에 힘입어 전국에 학교 세우기가 유행처럼 번져 갔어요.

민족 의식과 애국심을 가르치다

이때 문을 연 학교 가운데 평안북도 정주의 오산 학교는 민족 교육으로 특히 유명합니다. 오산 학교를 세운 이승훈은 서북 학회의 회원인데 어느 날 평양에서 안창호의 연설을 듣게 되었어요. 안창호 역시 서북 학회 회원으로 서울과 평양 등을 오가며 교육의 중요성을 알리고 있

여러 지역에서 생겨난 학회
서북 학회는 평안도, 함경도, 황해도가 고향인 지식인들이 모여 만들었어요. 박은식, 안창호, 이동휘, 노백린, 주시경 등 유명한 애국지사들이 참여했어요. 한편, 기호 흥학회는 경기 충청 지역, 관동 학회는 강원도 지역, 호남 학회는 전라도 지역을 바탕으로 활동했어요.

었지요.

"여러분! 물고기를 낚으려면 그물을 만들어야 하듯이 나라를 바로잡으려면 먼저 젊은이를 가르쳐야 합니다. 그래야 우리 민족이 일어설 수 있습니다!"

이승훈은 안창호의 연설에 감동 받아 학교를 세우기로 마음먹었어요.

'나라가 기울고 있는데 가만히 있을 수는 없지. 그래! 젊은이들을 가르치자! 세상이 어찌 돌아가는지도 모르는 사람들을 깨우쳐 나라에 만분의 일이라도 도움이 되자.'

학교를 세운 이승훈은 스스로 심부름꾼이라며 운동장을 쓸고 교실이나 화장실 청소를 도맡아 했어요. 학생들에게는 '민족을 위해 훌륭한 사람이 되라.'는 말을 자주 했지요.

오산 학교에서는 역사와 지리를 중요한 과목으로 다루었어요. 우리 땅, 우리 역사를 일본에 빼앗겼으니 반드시 되찾아야 한다고 가르쳤습니다. 애국하는 학교라고 소문이 나면서 멀리서도 학생들이 찾아왔어요.

안창호도 평양에 대성 학교를 세워 민족 정신을 심어 주었어요. 안창호는 학생들에게 '정직하고 성실한 자세로 옳은 일을 하라.'는 뜻의 '무실역행(務實力行)'을 강조했고, 대성 학교를 모든 학교의 본보기가 되는 곳으로 만들려고 했어요. 그러나 일제의 방해로 첫 번째 졸업생을 내고는 문을 닫아야 했습니다.

청산리 전투를 이끈 김좌진은 홍성의 고향집을 고쳐 호명 학교를 세웠고, 군인이었던 이동휘는 강화도 곳곳에 보창 학교를 여럿 세웠어요. 이 밖에도 은퇴한 관리들, 황실 가족, 주민들이 힘을 모아 곳곳에 학교를 세웠지요.

학교는 온 사회의 관심거리가 되었고 사람들은 교육을 위해 기꺼이 재산을 내놓기도 했어요.

🌸 **오산 학교**
설립자 이승훈이 독립운동을 벌이는 동안, 오산 학교는 많은 어려움을 겪었어요. 3·1 운동 때 민족 대표 33인으로 독립 선언서에 서명하자 일본 헌병이 학교에 불을 지르기도 했어요. 그러자 많은 사람이 오산 학교 구하기 운동을 벌여 1년 6개월 뒤에 다시 문을 열었어요.

"내 밭을 다섯 학회에 나누어 기부하겠습니다. 젊은이들을 가르치는 데 써 주세요."

"이것은 우리 집 집문서입니다. 학회 회관을 지을 때 보태 쓰세요."

집안이 어려워 학업을 포기하거나 상급 학교에 진학하지 못하는 학생에게는 장학금을 주겠다는 사람도 나타났어요.

노동자들은 일이 끝난 뒤에 배울 수 있게 야간 학교를 열어 달라고 요청했어요. 물장수와 담배 공장 노동자, 그 밖의 많은 노동자들이 일을 마친 밤이면 학교로 찾아왔지요.

그 무렵 계몽(가르쳐 깨우치게 함) 운동에 앞장섰던 '대한매일신보'는 노동자들의 배움이야말로 한국이 발전할 징조라며 기사로 크게 다루었어요. 산에서 몰래 나무하던 을파소가 고구려의 재상이 되었듯이 노동자들도 언젠가는 대신이 될 수 있으니, 끝까지 포기하지 말라고 격려했어요.

연설과 잡지로 생각을 깨우쳐

학회는 학회지를 펴내고 연설회를 열어 국민을 깨우치는 일도 게을리하지 않았습니다.

🔸 **대한매일신보**

1904년부터 양기탁과 영국인 베델이 펴낸 신문이에요. 기사는 일본을 비판하거나 민족 의식을 일깨우는 내용이 대부분이었어요. 1910년, 일본은 한국을 강제 점령하면서 대한매일신보를 강제로 사들여 이름을 '매일신보'로 바꾸었어요. 매일신보는 대한매일신보와는 정반대로 일본의 편에서 쓴 기사만을 실었어요.

특히 연설회는 매우 인기가 있었어요. 연설가들은 새로운 지식이나 나라 밖 소식 등을 슬쩍슬쩍 알려 주면서 자기 주장을 펼쳤지요. 사람들은 감동적인 연설에 박수를 아끼지 않았고 그 자리에서 주머니를 털어 성금을 냈어요.

연설은 개화기 전에는 사람들에게 매우 낯설었어요. 배재 학당의 학생들이 처음으로 거리 연설에 나섰지만 막상 거리로 나와 연설을 하려고 할 때 모인 사람이라고는 흙투성이 꼬마와 나무장수뿐이었어요. 학생들은 사람들의 관심을 끌려고 복잡한 거리에서 고래고래 소리를 지르며 다투는 시늉을 했어요. 그러자 사람들이 몰려들었고 비로소 연설을 시작할 수 있었지요.

계몽 운동

교육이나 산업을 발전시켜서 나라의 힘을 키우자는 움직임을 계몽 운동, 또는 자강(스스로 힘을 기름) 운동이라고 불러요. 학교 설립이나 신문·잡지 발행, 우리 역사나 한글 연구를 통해 민족 의식을 일깨웠어요. 활발하게 활동한 단체는 보안회, 대한 자강회, 대한 협회, 각 지역 학회, 신민회 등이 있어요. 이 중 신민회는 안창호가 앞장서서 세운 비밀 단체로, 만주 삼원보에 신흥 무관 학교를 세우기도 했어요.

아관 파천이 일어나고 얼마 뒤에는 만여 명이 종로 거리에 모여 만민 공동회를 열었어요. 평범한 사람들이 자기 의견을 발표하고 남의 의견에 귀 기울이며 토론을 벌였어요.

연설회가 자주 열리다 보니 인기 있는 연설가도 생겨났어요. 안창호, 이동휘, 여운형, 윤치호 등이 이름난 연설가로 신문에 오르내렸지요.

한 달에 한 번씩 펴내는 잡지도 학회의 중요한 일이었어요. 요즘 잡지들처럼 사진이나 그림은 없었지만 우리 역사와 위인의 이야기, 건강과 위생에 대한 이야기들이 실려 있었어요. 새로운 법령이 만들어지거나 시행될 때면 내용을 자세히 풀어서 알려 주기도 했지요. 일제가 한국을 지배하려고 만든 법령을 올바로 알고 일본의 의도를 깨닫자는 뜻이었어요.

학회 활동도 방해해

학회 활동이 활발해지자 일본은 방해 공작을 펴기 시작했어요. '사립 학교령'과 '학회령'이라는 법령을 만들어 학회가 자유롭게 활동하는 것을 막았지요. 이에 따라 학회는 해마다 회원의 이름과 재산을 학부(교육에 관한 일을 맡아보던 정부 기관)에 알려야 했어요. 사립 학교도 새로 세우려는 곳뿐 아니라 이미 운영을 하고 있는 곳도 학부의 허락을 받게 했어요. 꼬투리라도 잡히는 날에는 문을 닫아야만 했지요.

일본은 회원들의 움직임도 낱낱이 감시했어요. 1909년 안중근이 이토 히로부미를 처단했을 때 일본은 안창호, 이동휘, 유동열 등 학회 회원들이 이 사건과 관계가 있다며 체포했어요. 안중근 역시 서북 학회 회원으로 학교를 운영한 적이 있었기 때문이지요.

일본이 학회의 활동을 방해하고 나서자 회원들은 적극적인 독립운동만이 나라를 살릴 길이라고 생각했어요. 안창호, 유동열 등은 나라 밖으로 가 독립군 기지를 만들고 무관 학교를 세우기 위해 애썼어요.

회원들이 나라 밖으로 망명하고 일본의 간섭이 심해지자 학회의 활동은 전처럼 활발하지 않았어요. 그러던 1910년, 일본은 한국을 강제로 병합하면서 학회를 모두 흩어지게 했어요. 모든 잡지와 연설회도 허락하지 않았지요. 계몽 운동을 하던 사람들은 나라 밖으로 가 독립운동가로 모습을 바꿨습니다.

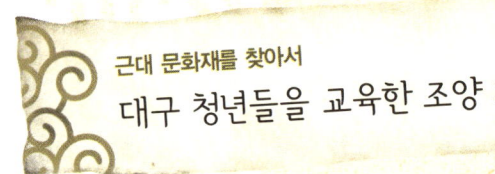
근대 문화재를 찾아서
대구 청년들을 교육한 조양 회관

조양 회관은 3·1 운동 뒤에 독립운동가 서상일이 중심이 되어 세웠어요. 대구 계몽 운동의 중심지로 '조양'에는 '조선의 빛이 되어라'는 소망이 담겨 있지요. 이곳에서는 조선 역사에 대한 강연회나 한글 강좌가 열렸고, 밤에는 청년들이 졸린 눈을 비비며 공부했어요. 또한 대구에서 활동하는 여러 사회 단체가 둥지를 틀고 독립운동을 이끌기도 했지요. 일본군은 1940년, 조양 회관을 강제로 빼앗아 광복이 될 때까지 사용했습니다.

효목동 조양 회관
(등록 문화재 제4호)

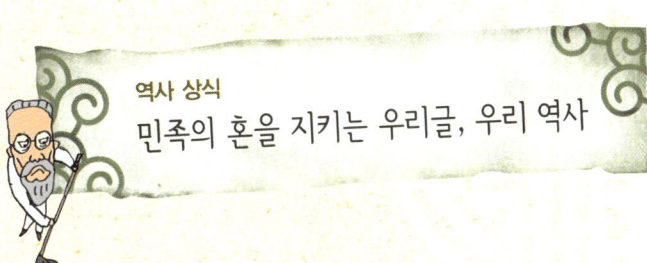

역사 상식
민족의 혼을 지키는 우리글, 우리 역사

학회가 활동할 무렵, 우리글과 역사에 대한 연구도 활발했어요. 역사와 글을 통해 우리 민족성을 일깨우려고 했지요.

[주시경의 한글 사랑]

세종 대왕이 발명한 '훈민정음'은 한문에 밀려서 제대로 대접받지 못하다 1894년에야 '국문'이라는 이름을 얻었어요. 국어 교과서도 이 즈음 만들어졌어요. 나라에서는 공문서에 국문을 두루 쓰겠다고 발표했어요. 그나마도 잘 지켜지지 않아서 국문과 한문을 섞어 써야 했지요.

한글이 널리 쓰이게 된 것은 1896년, 독립신문이 발행되면서부터예요. 독립신문은 순 한글로 기사를 썼고 띄어쓰기를 했어요. 그러자 백성들은 여러 가지 정보를 쉽고 빠르게 얻을 수 있었지요.

주시경

이 무렵 주시경은 독립신문에서 일하며 한글을 가르치고 과학적으로 연구하는 데 열심이었어요. '언문쟁이', '돈벌이도 안 되는 짓을 하는 미련한 사람'이라고 비아냥대는 소리를 들었지만 오히려 주시경은 우리 민족이 한글의 가치를 모른다며 안타까워했어요.

"우리글은 세계에 자랑할 만한 과학적인 글입니다. 외국인들도 문자를 발명한 일은 세계적인 자랑거리라고 말합니다.

그런데 우리는 한글의 가치를 모르고 있으니 매우 섭섭한 일입니다."

주시경은 1906년부터 1910년까지 서울의 중학교 열여덟 곳을 돌아다니며 국어 선생님으로 일했고, '조선어 강습원'을 세워 일요일마다 한글을 가르쳤어요. 주시경은 각 학교에서 가르칠 책을 커다란 보자기에 싸서 옆구리에 끼고 다녔어요. 그래서 '주 보따리'라는 별명을 얻었지요.

1914년, 나라 밖으로 망명해 독립운동을 펼치려다 갑작스럽게 병으로 세상을 떠나고 말았습니다.

신채호

[신채호의 완전한 역사]

신채호는 특히 우리나라 고대사를 중요하게 여겼어요. 단군을 신화 속 인물이 아니라 우리나라를 연 역사적인 인물로 보았고, 고구려 유민(망한 나라의 백성)이 세운 발해를 높게 평가했어요. 신문에 연재한 '독사신론'은 단군부터 발해까지의 역사를 다룬 것으로 우리 역사에 대한 신채호의 생각이 잘 드러나 있어요. 1910년, 나라 밖으로 망명했을 때 만주에 있는 고구려, 발해 유적지를 직접 살펴보며 역사 연구를 계속했어요.

신채호는 역사 연구를 하기 전 신문 기자로 활동했습니다. 황성신문, 대한매일신보 등에 논설을 썼고 주시경과 함께 '가정잡지'라는 여성용 한글 잡지를 펴냈어요. 대한매일신보에서 일할 때 영국인 사장 베델이 그의 재능을 알아보고 유학을 권했지만 신채호는 나라와 운명을 함께 할 거라며 거절했습니다.

1910년 안창호 등과 망명하면서 독립운동에 몸을 바쳤지요. 1919년, 대한민국 임시 정부를 만들 때 참가했고 그 뒤 군사 행동으로 일본과 맞서기도 했습니다.

신채호는 자기가 옳다고 믿는 일이면 절대로 뜻을 굽히지 않았어요. 일본이 지배하는 땅에서는 고개를 숙이지 않겠다며 꼿꼿이 서서 세수를 할 정도였어요.

신채호는 군사 투쟁을 벌이기 위해 돈을 마련하려다가 1928년, 대만에서 체포되었어요. 그 뒤 뤼순 감옥에 갇혔다가 병이 나고 말았지요. 일본은 신채호를 보호해 줄 사람이 있으면 감옥에서 내보내 주겠다고 했어요. 친구들이 친일파였던 신채호의 친척을 찾아 도움을 부탁했지만, 신채호는 친일파의 도움은 필요 없다고 거절했어요. 결국 신채호는 1936년 2월 21일, 차디찬 감옥에서 눈을 감았어요.

··· 기차 구르는 소리가
천둥 치는 것 같아
- 서울역사

일제 강점기 때 서울의 이름은 경성이었어요. 그래서 지금의 서울역은 경성역으로 불렸어요. 경성역은 한반도 철도의 중심이었을 뿐 아니라, 중국이나 일본으로 가는 중간이었어요. 그래서 언제나 외국인이나 한국인들로 북적거렸습니다. 이 건물은 지금은 역으로 쓰이지 않고 문화 공간으로 이용할 계획이에요.

서울역사
(사적 제284호)

불을 내뿜는 수레

1889년 어느 날, 미국 외교관 생활을 마친 이하영이 궁궐로 갔어요. 그리고 고종과 관리들 앞에 모형 철도를 펼쳐 놓았지요. 철길을 만들고 그 위에 기차를 올려놓아 움직이게 했습니다. 비록 모형이었지만 이 땅에 들어온 첫 번째 기차였지요.

"이것이 화륜거(기차의 옛 이름으로 '불을 뿜는 수레'라는 뜻)이옵니다. 사람은 물론이고 무거운 물건도 멀리까지 실어 나를 수 있사옵니다."

고종과 신하들은 모형 철도에서 눈을 뗄 수가 없었어요. 고종은 기차를 들고 이리저리 살펴보았어요.

그로부터 10년이 지난 1899년 9월 18일, 검은색 증기 기관차가 노량진과 제물포 사이를 달리기 시작했어요. 우리나라의 첫 철도인 경인선(서울과 인천을 잇는 철도)이 운행을 시작한 것이에요. 경인선은 다음 해 한강 철교가 완성되자 서대문까지 들어왔어요.

당시 기차는 놀랍고 신기한 물건이었어요. 멀쩡한 이름을 놔두고 '쇠송아지', '검은 괴물', '축지법(먼 거리를 빨리 이동하는 비법)을 쓰는 쇠바퀴', '철마'라고 불렀어요.

철도 개통식이 열리던 날, 처음 기차를 타 본 독립신문 기자는 이런 기사를 썼어요.

"화륜거 구르는 소리가 천지에 진동하고 연기는 하늘로 솟아오르더라. 수레 속에 앉아 창밖을 보니 산천초목이 모두 움직이는 것 같고 새도 따르지 못하더라. 팔십 리나 되는 인천까지 순식간에 당도하였는

데……."

순식간이라고 하였지만 당시 기차로 서울에서 인천까지는 한 시간 사십 분이나 걸렸어요. 그러나 기차가 생기기 전에는 걸어서 열두 시간, 마포나루에서 배를 타면 여덟 시간이 걸렸으니 꽤나 빠른 것이었지요.

기차가 처음 다니기 시작했을 때 철도 회사는 손님을 모으기 위해 이런 광고문을 내붙였어요.

기차 광고
편히 앉아 사방의 풍경을 보며 이야기를 나누는 사이 기차는 이미 인천항에 도착합니다.……한강 철교는 공중에 뜬 무지개 같으니, 기차를 타면 무지개를 타고 하늘을 나는 기분이 듭니다.

철도의 또 다른 얼굴

그러나 빠르고 편리한 철도 뒤에는 한국인의 슬픔이 배어 있어요.

우리나라의 중요한 철도는 대부분 일본이 건설했어요. 일본은 일찍부터 우리나라의 철도 사업에 눈독을 들였어요. 부산에서 서울까지 철도가 놓인다면 일본 상인이나 군인을 빠르게 실어 나를 수 있기 때문이지요. 특히 일본은 중국의 만주까지 지배하려는 욕심이 있었기 때문에, 경부선(서울과 부산을 잇는 철도)을 놓는 일이 전투함을 사거나 군사의 수를 늘리는 것만큼 중요하다고 생각했지요.

일본은 대한 제국 정부를 설득해 경부선 사업권을 얻어 냈고, 다른 나라가 갖고 있던 경인선과 경의선(서울과 신의주를 잇는 철도) 사업권도 사들였어요.

철도 사업이 외국인의 손안에 들어가자 '우리 철도는 우리 손으로 놓아야 한다.'는 움직임도 일었어요. 다른 나라에 넘어간 사업권을 찾아오자는 주장도 있었고, 박기종은 철도 회사를 세우기도 했어요. 그러나 어마어마한 사업비와 일본의 방해 때문에 성공하지는 못했지요.

한반도의 주요 철도 사업권을 차지한 일본은 군대까지 데려다가 공사를 서둘렀어요. 그와 함께 한국 사람들의 고통도 시작되었습니다. 철도 건설에 필요한 땅을 빼앗기다시피 했고, 농민들은 강제로 끌려가 위험한 일을 해야 했어요. 일본의 횡포는 여기서 그치지 않았어요. 한창 자라는 벼를 뽑아 말의 먹이로 주었고 남의 집을 빼앗아 군인들이 머물게 했어요. 주인이 있는 산에 들어가 나무를 베었고, 나무를 실어 나르려고 농민의 소를 함부로 끌고 갔어요. 그 무렵 신문에는 '경부선과 경의선이 지나는 곳에 온전하게 남은 땅이 없고, 열 집에 아홉 집은 비었다.'는 기사가 실리기도 했습니다.

이런 희생과 눈물 덕에 한국의 철도는 세계에서 가장 싼값에 건설되었어요. 완성된 뒤에도 여전히 한국 사람의 눈물을 자아냈지요. 일본 군인은 기차를 타고 와 지배자처럼 굴었고, 일본에서 만든 물건들을 기차로 실어 와 비싸게 팔았지요. 그러나 한국의 쌀, 소금, 각종 자원은 헐값에 일본으로 실려 갔어요. 그러자 한국의 쌀이 귀해져서 사람들은 비싼 값을 주고 쌀을 사야 했어요.

한국 사람들은 철도에 대해서 나쁜 감정을 갖게 되었어요. 철길 위에 돌이나 막대를 올려놓아 운행을 방해하고, 달리는 기차에 돌을 던져 유리창을 깼어요. 의병들은 기차역에 불을 질렀지요.

그러나 경인선에 이어 1905년 경부선, 1906년 경의선 등이 개통되면서 한국인도 기차의 편리함을 깨달았어요. 기차는 중요한 교통편이 되었고 이용도 크게 늘었습니다.

기차 때문에 달라진 생활

기차가 생기고 얼마 안 되었을 때, 한 양반이 기차를 타러 갔어요. 이 양반은 기차가 정해진 시간에 도착하고 출발한다는 것을 몰랐어요. 그래서 출발 시간보다 한 시간이나 일찍 역에 도착했지만 기차는 모습조차 보이지 않았지요. 양반은 역에서 일하는 사람을 붙잡고 버럭 화를 냈어요.

"어허, 갈 길이 바쁜데 기차는 왜 보이지 않는 게냐? 냉큼 불러오지 못할까!"

이미 떠나는 기차 뒤꽁무니에 대고 거기 서라며 고함을 치는 사람도 많았지요. 그러나 기차는 언제나 정확한 시간에 도착하고,

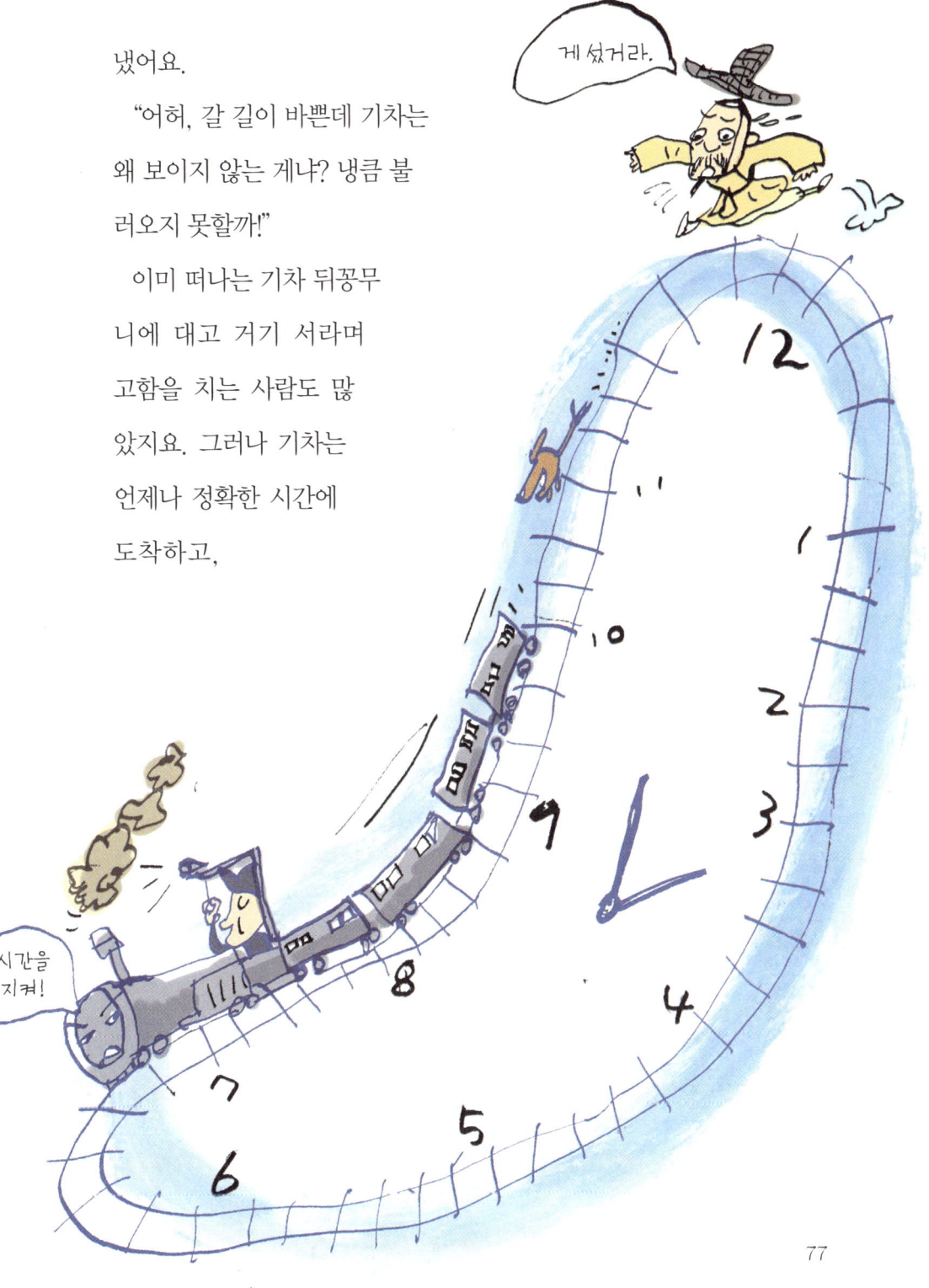

제시간에 출발했어요.

사실 그때까지만 해도 한국은 시간을 정확히 지키지 않아도 불편함이 없던 사회였어요. 해가 뜨면 일을 시작했고 해가 지면 집에 돌아왔지요. 시간을 재는 방법도 서양과 달라서 하루를 24시간이 아니라 12시간으로 나누었어요. 시간의 가장 작은 단위는 1초가 아닌 1각으로, 약 15분이었어요.

그런데 기차가 정해진 시간에 다니면서부터 한국인도 시간에 관심을 갖기 시작했어요. 기차가 한국인들에게 시간을 지키는 방법을 가르쳐 준 셈이에요.

기차역을 중심으로 상점, 은행, 경찰서 등이 들어서면서 새로운 도시도 생겨났어요. 신의주, 익산(옛 이름은 이리), 대전이 기차역과 함께 발전한 도시이지요.

기차역 때문에 도심지가 바뀌는 마을도 있었어요. 1900년대에 생겨난 신고산 타령은 '신고산이 우르르 함흥차 가는 소리에 구고산 큰 애기 밤봇짐만 싸누나.'로 시작해요. 신고산은 함경남도에 있는 기차역 이름입니다.

원래 고산이라는 마을이 역에서 조금 떨어진 곳에 있었는데 신고산에 기차역이 들어서면서 고산은 구고산이 되어 버렸어요. 그리고 기차역이 들어선 신고산은 새로운 도심지가 되었지요. 신의주 역시 철도가 개통되면서 의주 대신 새로운 도시로 떠올랐어요.

웅장한 역 건물은 누구를 위해 지었을까?

철도역을 중심으로 도심지가 바뀔 정도였으니 모든 기차가 모이던 경성역은 얼마나 번화했을까요?

경성역은 서울의 정문답게 수많은 사람이 드나들었어요. 아침이면 수원, 인천, 개성에서 새벽 기차를 타고 올라온 학생들이 물결을 이루었고, 화창한 봄날이면 소풍 가는 학생들로 북적였어요. 방학이 시작되면 고향에 가려는 학생들이 한꺼번에 몰려 혼잡했지요.

바다의 철도, 관부 연락선

경부선 철도가 개통되자 일본은 부산과 시모노세키 사이에 여객선을 취항시켰어요. 여객선은 시모노세키의 한자어인 하관(下關)과 부산에서 각각 한 글자씩을 따 '관부 연락선'이라고 불렀어요. 일본의 수도 도쿄에서 기차표를 사면, 시모노세키에서 관부 연락선을 타고 한국을 거쳐 만주 하얼빈까지 갈 수 있었어요. 관부 연락선은 일본의 침략을 한결 편리하게 만들었지요.

대회에 나가는 운동선수를 환송한 곳도, 외국에서 온 귀한 손님을 환영한 곳도 경성역이었어요. 지금의 국제공항과 같은 역할을 한 셈이지요.

경성역의 맨 처음 이름은 남대문 정차장으로, 작은 기차역에 지나지 않았어요. 그런데 경부선, 경의선, 경원선, 호남선 등이 연이어 개통되면서 이용하는 사람도 늘고, 실어 나르는 화물도 많아졌어요. 그러자 일본은 역 건물을 현대식으로 짓겠다고 발표했어요.

새로 지은 역은 화려한 서양식 건물로 바깥은 웅장하고 안은 아름답게 꾸몄어요.

당시 동아시아에서 가장 큰 기차역은 도쿄역이고, 두 번째가 경성역이었어요.

왜 일본은 한국에 이렇게 큰 건물을 지었을까요?

일본은 주요 기차역 주변에 일본에서 이민 온 사람들을 살게 하고 군대를 머물게 했어요. 기차역을 중심으로 일본인 마을을 만들다 보니 역 건물도 넓고 큼직하게 지었지요.

경성역을 웅장하게 지은 뒤 일본은 외국인이나 한국인에게 '우리가 한국을 이렇게 발전시켰다.'고 자랑했어요. 식민 지배가 잘못된 일이 아니라고 주장하고 싶었겠지요.

그러나 기차가 없으면 더 불편한 쪽은 일본이었으니, 발전은 결국 한국을 위한 일이 아니라 일본을 위한 것이었지요.

근대 문화재를 찾아서
증기 기관차에 물을 공급하던 급수탑

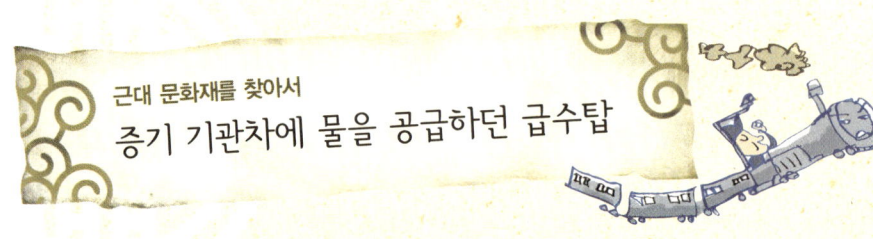

우리나라에 가장 먼저 들어온 기차는 증기의 힘으로 달렸어요. 기차를 달리게 하려면 석탄으로 물을 끓여 증기를 만들어야 했지요. 그래서 기차역에 급수탑을 세워 증기 기관에 물을 넣어 주었어요. 1967년, 디젤 기관차가 들어올 때까지 기관차는 물을 넣어 주어야 했어요.

충남 논산의 연산역 급수탑은 1911년에 지은 것으로 남아 있는 것들 가운데 가장 오래되었어요. 돌을 하나하나 쌓아서 둥글게 만들었는데, 그 모습이 첨성대를 닮았지요.

연산역 급수탑
(등록 문화재 제48호)

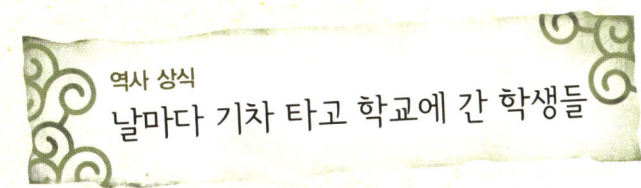

역사 상식
날마다 기차 타고 학교에 간 학생들

일제 강점기 동안에도 한국인의 교육열은 매우 높았어요. 그러나 지역마다 학교가 부족해서 학생들은 기차를 타고 큰 도시까지 가야 했어요. 보통학교에 다니는 어린이들까지 기차를 타고 학교에 갈 정도였지요.

1925년 4월호 '별건곤' 잡지에는 기차 통학을 하는 한 여학생의 글이 실렸어요.

"인천에서 경성까지 아침저녁으로 기차를 타고 통학하였습니다. ……새벽밥을 먹다 말고 숟가락을 내던진 채 뛰어갔는데 열 걸음이 부족해 기차가 떠났습니다. 책보를 끌어안고 울 수밖에 없었습니다."

이런 날은 어쩔 수 없이 지각을 했어요. 장마 때나 사고가 났을 때도 마찬가지였어요. 시험 때 사고가 생기면 학생들은 발을 동동 구르며 학교에 전화를 거느라 부산을 떨었어요.

1920년 한 신문에는 이런 기사가 실렸어요.

'기차 통학생들은 열차 안에서 장난을 말라.'

호기심 많은 학생들이 출발하는 기차에서 뛰어 내리다 다치는 일이 많았기 때문에 경찰을 불러 단속을 하기도 했어요.

날마다 기차를 타다 보면 같은 학교 학생이 아니더라도 자연스레 친해졌어요. 그래서 기차를 타고 다니는 학생들끼리 모임을 만들어 활동하기도 했지요. 특히 경인선 통학생의 모임이 활발했는데, 축구단과 야구단을 만들어 운동 경기도 하고 강연회, 음악회도 열었지요. 문예부를 만들어 책을 돌려 읽고 문집을 엮어 내기도 했어요. 단순한 친목을 넘어 문화 운동을 벌인 셈인데, 이 때문에 일본 경찰의 감시를 받기도 했어요.

⋯ 밤을 낮처럼 밝게 하라
- 한국 전력 사옥

1920년대에 전기, 전차, 전등, 가스 사업을 했던 경성 전기 회사 건물이에요. 화재와 지진에 잘 견딜 수 있게 설계되었고 당시에는 귀했던 엘리베이터도 두 대나 있었어요. 지금은 한국 전력에서 사무실로 사용하고 있지요. 높은 건물들에 둘러싸여 작게만 보이지만 예전에는 그 주변에서 가장 높고 멋진 건물이 아니었을까요?

남대문로 한국 전력 사옥 (등록 문화재 제1호)

궁궐을 밝힌 불불

1887년 어느 이른 봄날, 땅거미가 내리는 저녁이었어요. 경복궁 북쪽에 있는 건천궁 앞뜰에 고종과 관리들, 궁궐에서 일하는 사람들이 모였어요. 모두 호기심 어린 눈으로 위쪽을 올려다보았어요. 미국 사람이 설치한 전등에 불이 들어오기를 기다리는 참이었지요.

잠시 후 건천궁 옆 연못가에서 기계 돌아가는 소리가 요란하게 나더니 전등이 환한 빛을 쏟아 냈어요. 에디슨이 백열전구를 완성한 지 8년 만에 조선에도 전깃불이 들어왔어요. 사람들은 생전 처음 보는 전깃불에 입을 다물지 못했지요.

"세상에, 이렇게 밝은 불이 있다니 믿을 수가 없습니다."

"밤이 대낮처럼 환해졌으니 이제 도깨비나 도둑은 얼씬도 못하겠어요."

고종은 일찍이 전기에 관심이 많아서 미국과 외교를 맺자마자 궁궐에 전등을 설치하기로 했어요. 미국의 에디슨 전기 회사는 조선이 전등을 주문하자 미국인 직원을 보내 발전기와 전등을 설치했지요.

건천궁은 고종과 명성 황후가 생활하고 있었고, 외교관의 출입도 잦아서 전등이 필요했어요. 주변에 향원지

🌸 마귀의 힘으로 불이 켜지는 줄 알았소

개화파인 유길준이 미국에 가서 에디슨 전기 회사를 둘러보게 되었어요. 유길준은 서양 문물에 대한 지식이 많았지만 전깃불의 원리는 그제야 알게 되었어요. 느낌을 묻는 기자에게 유길준은 이렇게 대답했습니다.

"인간의 힘이 아니라 마귀의 힘으로 전깃불이 켜진다고 생각했습니다."

🌸 전기가 처음 들어온 건천궁

고종이 경복궁 안에 지은 건천궁은 장안당, 곤녕합, 복수당 등 여러 채의 전각으로 이루어졌어요. 을미사변 때 명성 황후는 건천궁에 있는 옥호루에서 목숨을 잃었어요. 일제는 이곳을 헐고 미술관을 지었지만 지금은 옛 모습대로 복원되었어요.

라는 연못이 있어서 발전기를 설치하기도 적당했지요. 당시에는 증기의 힘으로 발전기를 돌렸기 때문에 많은 물이 필요했거든요.

  그래서 사람들은 전등을 '물불'이라고 부르거나 발전기가 덜덜거리며 요란하게 돌아간다고 '덜덜불'이라고 불렀어요. 발전기가 고장이 나서 전등이 꺼지는 일이 잦자 '건달불'이라는 이름도 생겨났지요. 건달은 하는 일 없이 빈둥거리는 사람을 말하는데 비싼 전등이 자주 고장 나는 것을 슬쩍 비꼰 말이었어요.

비싼 전등이 자주 고장 나니 등불을 비판하는 목소리도 있었어요. 그러나 밤을 무서워하던 고종은 아랑곳하지 않았어요. 오히려 이런 명령을 내렸습니다.

"임오군란(1882년, 임오년에 군인들이 일으킨 난리)이나 갑신정변은 밤에 일어났다. 이처럼 위험한 일이 언제 또 생길지 모르니 밤을 낮처럼 환하게 밝혀라!"

번갯불을 타고 달리는 전차

궁궐에 전등을 설치한 고종은 아예 전기 회사를 세우고 미국 사람 콜브란에게 회사를 꾸려 가게 했어요. 그렇게 해서 세워진 한성 전기 회사는 가장 먼저 전차 사업을 시작했어요. 서대문에서 종로, 동대문을 거쳐 청량리까지 전차가 다니는 길을 놓고, 동대문에는 발전소와 전차 보관소를 만들었어요.

이어 마흔 명이 탈 수 있는 전차를 외국에서 들여왔고 일본인 운전수 열 명을 데려왔지요. 조선에는 전차를 운전할 기술자가 없었기 때문입니다.

1899년 5월, 동대문 전차 보관소에서 개통식이 열렸어요. 많은 사람이 동대문으로 몰려와 개통식을 지켜보았어요. 전차에서 나온 긴 쇠막대가 전깃줄에 연결되어 있었어요. 전차가 달릴 때면 막대 끝에서 번갯불이 번쩍번쩍 일었지요. 그 모습을 보고 누군가 소리쳤어요.

"저것 좀 보게. 괴물이 번갯불을 잡아타고 달리는구먼."

사람들은 신기해하며 전차를 따라 달렸고, 경찰은 말리느라 애를 먹었지요.

전차가 들어오던 해, 한국은 가뭄이 심하게 들어서 몇 개월째 비 한 방울 내리지 않았어요. 그러자 사람들 사이에는 터무니없는 소문이 돌았어요. 전차가 달릴 때 생기는 번갯불이 하늘의 구름을 말려서 가뭄이 들었다는 것이었어요.

처음에 전차는 지붕도, 문도 없어서 비가 오면 안에서도 우산을 써야 했어요. 정거장도 없어서 손님이 손을 드는 곳이나 내려 달라는 곳이면 어디에서나 섰지요. 그러다 보니 전차는 느림보가 되었어요. 한성 전기 회사는 서둘러 정거장과 매표소를 만들었어요.

그런데 전차를 운행하고 얼마 지나지 않아 종로에서 여자 아이가 사고를 당했어요. 전차는 모른 척 지나가려 했고 주변에 있던 사람들은 모두 달려들어 운전수를 끌어내리고 전차를 못 쓰게 만들었지요. 뒤에 오던 전차도 피할 수 없었어요. 사람들은 그러고도 분이 풀리지 않아 동대문 발전소까지 달려갔어요.

이 일로 위험을 느낀 일본인 운전수는 모두 떠나 버렸어요. 전차는 석 달 동안 멈춰 서 있다가 미국인 운전수가 와서야 운행을 시작했어요. 그러나 사람들은 전차에

🌼 **움직이는 사진**

한성 전기 회사는 전차 이용객을 늘리기 위해 동대문에 있는 전차 공장에서 영화를 틀어 주었어요. 전차 승객에게는 공짜표를 나눠 주고, 다른 사람에게는 입장료를 받았어요. 당시의 영화는 자막도 소리도 없는 몇 장면에 불과했어요. 그래도 영화를 처음 본 사람들은 '사진이 움직인다.'며 즐거워했어요.

대한 화를 쉽게 풀지 않았어요. 전차 타기 거부 운동도 벌였고 전차를 향해 돌을 던졌어요.

그러나 전차에 호기심을 갖는 사람도 많았어요. 시골에서 전차를 구경하러 서울로 올라오는 사람도 많았고, 재미 삼아 전차를 타고 종점과 종점을 오가는 사람도 있었어요. 전차는 곧 편리한 교통편이 되었고, 서울에 이어 평양과 부산에도 놓였지요.

서울의 전차는 이용객이 늘어나면서 낮에만 운행하던 것을 밤 열 시까지 늘려 운행했어요. 종로 정거장 주변에는 가로등이 세 개나 설치되었지요. 지금은 밤에 가로등을 켜는 것이 당연한 일이지만 그때는 신기한 구경거리였어요. 가로등이 켜진 매표소는 구경꾼들로 미어터질 지경이었지요.

사업을 독차지한 경성 전기

전차 사업이 자리를 잡기도 전에 한성 전기는 경제적인 어려움에 빠졌어요. 회사 주인인 대한 제국 황실은 돈이 부족했거든요. 결국 황실은 회사를 미국인 콜브란에게 넘겼고, 콜브란은 다시 일본에 회사를 팔았어요.

고종이 미국과 전기 사업을 함께한 이유는 청나라나 일본의 간섭을 피하기 위해서였어요. 회사를 세울 때도 다른 나라가 모르도록 비밀리에 움직였지요. 그러나 한성 전기는 결국 일본 회사가 되었고 이름도 경성 전기로 바뀌었어요.

경성 전기는 생활에 꼭 필요한 전차, 전등, 전화, 가스 사업을 독차지하고 총독부의 보호까지 받으며 손쉽게 돈을 벌었어요. 1920년대는 서울의 인구가 크게 늘면서 전차 이용객이 더욱 늘고, 전기도 생활필수품으로 자리 잡은 때라 경성 전기의 이익은 날로 늘었지요.

그런데 경성 전기는 한국인과 일본인을 차별하며 사업을 했어요. 일본 사람이 사는 곳은 전차가 많이 다녔고, 한국 사람이 사는 곳은 적게

다녔어요. 전등이나 가로등도 일본인 동네는 전등도 밝고, 수도 많았지만, 한국인 동네는 반대였어요. 그러면서도 한국인에게는 전기 요금을 미리 걷겠다고 나섰지요.

사람들은 불만을 터트리기 시작했어요. 전기 요금이 너무 비싸다, 전차가 너무 적게 다닌다며 잘못을 고치라고 요구했어요. 경성부회(지금의 시의회와 같은 역할)는 경성 전기를 개인 회사로 두지 말고 경성부에서 운영하겠다고 발표했습니다. 다급해진 경성 전기는 꽤 많은 기부금을 경성부에 냈어요. 경성부는 이 돈으로 부민회관과 병원을 짓고 경성 전기를 그대로 두었어요.

경성 전기는 1960년대에 다른 두 곳의 전기 회사와 합쳐져 '한국 전력'이 되었어요.

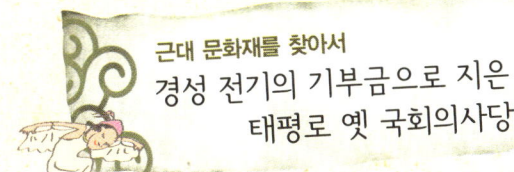

근대 문화재를 찾아서
경성 전기의 기부금으로 지은 태평로 옛 국회의사당

1930년대, 무용가 최승희의 공연과 여러 극단의 연극, 뮤지컬, 독창회, 전시회 등이 부민회관에서 열렸어요. 태평양 전쟁이 한창일 때는 전쟁에 협조하자는 친일파의 강연회가 자주 열렸지요. 1950년부터 1975년까지 국회 의사당으로 사용되었고 지금은 서울시 의회가 사용하고 있어요.

태평로 옛 국회의사당
(등록 문화재 제11호)

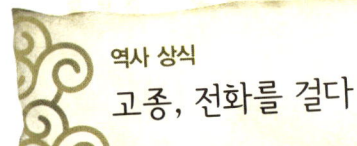

역사 상식
고종, 전화를 걸다

1896년에 고종은 궁궐 안에 전화를 놓았어요. 그 후 서울에 있는 각 관청과 인천에 있는 관청에 전화가 놓였습니다.

그때 사용한 전화기에는 번호판이 없었어요. 전화기에 달린 자석 발전기를 돌리면 교환원이 받아서 상대편을 연결해 주는 식이었지요. 당시 전화는 텔레폰(telephone)을 한자식으로 읽은 '덕률풍'이나 '다리풍'으로 불렸어요. 말을 전하는 기계라는 뜻에서 '전어통'이라고도 했지요.

고종은 침전(임금이 잠을 자는 곳)인 함녕전 대청마루에 전화기를 놓았어요. 관리들은 요상한 서양 기계가 임금의 체통을 깎아 내린다며 반대했지만 고종은 신경 쓰지 않았어요. 관리들은 고종과 통화를 할 때 관복을 갖춰 입고, 전화기에 큰 절을 네 번이나 한 뒤 공손히 무릎을 꿇고 전화를 받았어요.

1902년에는 서울과 인천 사이에 시외 전화가 놓이면서 백성들도 전화를 사용하게 되었어요. 그러나 전화 가입자는 그리 많지 않았어요. 사람들은 공중 전화소에서 요금을 내고 전화를 걸었지요. 공중 전화소는 1903년, 서울의 마포, 남대문, 영등포, 서대문 네 곳에 생겼는데, 전화기 옆에는 '전화기 장리'라는 관리가 있었어요. 이 사람은 전화를 거는 사람이 욕을 하거나 싸움을 하지 않는지 살펴보는 게 일이었어요. 만일 전화로 나쁜 말을 하면 즉시 전화를 빼앗았답니다.

••• 밥숟가락까지 다 가져가시오
- 옛 동양 척식 주식회사 지점

동양 척식은 한국인을 아프게 한 이름이에요. 한국 경제와 농민을 착취(노동력 등을 정당하지 않은 방법으로 빼앗음)하는 데 앞장섰기 때문이지요. 일제의 침략 정책에 따라 한국, 만주, 동남아시아에까지 검은 손길을 뻗쳤어요. 동양 척식 목포 지점·부산 지점 건물은 근대 역사관으로 꾸며져 있습니다.

옛 동양 척식 주식회사 목포 지점
(시도 기념물 제174호_목포시)

이제부터 동양 척식 주식회사의 땅

1911년 봄, 전라도 나주군 왕곡면의 한 할머니는 자기네 논에서 이상한 일이 벌어지는 것을 보았어요. 일본 사람 하나가 헌병과 순사까지 데리고 와서 논두렁에 팻말을 박는 것이었어요. 할머니는 한걸음에 달려가 소리쳤어요.

"남의 논에서 무엇을 하는 게요?"

"보면 모르겠소? 여기는 동양 척식의 땅이라고 표시를 하고 있소."

"누, 누구 땅이라고? 여긴 내 땅이오. 내 땅!"

할머니는 팻말을 뽑으려 달려들었다가 일본 헌병에게 떠밀리고 말았어요.

동양 척식 주식회사는 무엇을 하는 회사였기에 남의 논에 팻말을 박고 주인 행세를 하려 든 걸까요?

동양 척식 주식회사는 1908년 12월, 일본인을 한국에 이민시키는 회사로 설립되었어요. 서울에 본사를 두고, 부산, 대구, 목포, 사리원, 평양 등 주요 도시 아홉 곳에 지점을 세웠어요. 동양 척식 주식회사는 한국의 경제 발전을 위한다고 주장했어요.

"일본은 한국의 경제 발전을 도울 책임이 있기 때문에 회사를 세워 자원을 개발하고 산업을 일으키려 합니다. 경험이 많고 부지런한 일본 농부를 한국에 이민시켜 농업 기술을 가르치고, 회사를 운영하는 한국인에게 돈도 빌려 주겠습니다."

동양 척식 주식회사는 이 같은 구실로 대한 제국 정부가 갖고 있던 토지를 받아 냈고, 일본 정부에서는 해마다 사업비를 받았어요. 동양 척식 주식회사는 한국과 일본 정부가 함께 사업 비용을 댄 특수 회사였지요.

그런데 자원을 개발하고 산업을 일으킨다던 회사는 헌병들을 앞세워 헐값에 땅을 사들이기 바빴어요. 마음에 드는 곳을 차지하려고 농민을 협박하거나 농사를 방해하는 일도 서슴지 않았지요. 특히 날씨가 따뜻하고 농사가 잘 되는 남쪽 지방에 눈독을 들였어요. 살기 좋은 곳에 일본 사람을 이민시키려는 계획이었지요.

일본은 왜 일본인을 한국에 이민시키려고 했을까요?

당시 일본은 빠른 근대화를 거치면서 여러 사회 문제를 안고 있었어요. 특히 가난한 도시 사람들이 심각한 문제였어요. 산업이 발전하자 사람들은 농촌을 버리고 도시로 몰렸지만, 집이나 식량이 부족해 고통을 겪고 있었지요. 품삯마저 적어서 가난을 벗어나지 못했어요.

그러자 일본은 일본인을 미국이나 캐나다로 이민을 보내려 했지만 두 나라가 모두 거절했어요. 그래서 남아메리카의 브라질, 페루 같은 곳으로 농업 이민을 보냈고, 한국으로도 눈을 돌렸어요. 일본 사람을 이민시키면 가난한 도시민 문제도 해결되고 한국을 식민지로 삼았을 때 다스리기 쉽다고 생각했지요.

살림살이를 몽땅 가져가

동양 척식 주식회사가 등장하면서 우리나라 농민들의 생활은 많이 달라졌어요. 가장 먼저 남의 논밭을 빌려 농사짓던 소작인이 큰 곤란을 겪었어요.

소작이란 논밭을 갖지 못한 농민이 땅을 빌려 농사를 짓고 가을걷이한 곡식을 땅 주인과 나누는 것을 말해요. 소작인은 나쁜 주인을 만나지만 않으면 추수한 곡식을 땅 주인보다 많이 가져갈 수 있었어요. 또 특별한 사정이 아니라면 땅을 계속 이용할 수 있었지요. 국가가 소유한 땅도 소작료와 약간의 세금을 내면 농사를 지을 수 있었습니다.

그러나 동양 척식 주식회사가 땅 주인이 되고부터는 사정이 달라졌어요. 우선 회사와 농민은 농사를 짓기 전에 계약을 맺었어요. 동양 척식 주식회사는 계약 기간 동안만 농사를 짓게 했고, 소작인이 마음에 들지 않으면 계약을 깨거나 다시 계약을 맺지 않았어요.

소작료도 껑충 뛰었지요. 더욱이 땅 주인이 내야 할 세금, 비료 값, 씨앗 값까지 모두 소작인에게 떠넘겼어요. 이것을 내지 못하면 동양 척식은 농민의 집을 쓸어 가다시피 했어요. 볏짚이든 물동이든 이불이든 그릇이든 가리지 않고 가져갔어요. 어떤 집에서는 물건을 모두 빼앗아 광에 집어넣고 자물쇠를 채우고 가 버렸습니다.

그 당시 신문 기사를 살펴보면 소작인의 고통이 얼마나 컸는지 알 수 있어요.

"다 가져가거라. 밥 먹는 숟가락은 이제 필요도 없다."

먹을 게 없으니 숟가락마저 필요 없다는 울부짖음이었지요.

동양 척식 주식회사는 이렇게 벌어들인 돈을 한국 농민들에게 높은 이자를 받고 빌려 주었어요. 만약 돈을 제때 갚지 못하면 빌린 돈보다 훨씬 값나가는 땅을 강제로

🏵 폭탄을 던진 나석주

황해도 재령에서 태어난 나석주는 동양 척식 주식회사의 횡포를 견디지 못해 간도로 갔어요. 신흥 무관 학교를 졸업하고 무력 투쟁을 벌이는 의열단에 들어가 독립운동을 벌였지요. 나석주는 동양 척식 주식회사와 조선 식산 은행을 파괴하기 위해 서울에 왔어요. 그러나 두 곳에 던진 폭탄은 안타깝게도 터지지 않았어요.

빼앗았어요.

농민들은 동척(동양 척식 주식회사의 줄임말)이 아니라 도둑질해가는 '도척'이라며 아무리 급해도 동양 척식 주식회사에서는 돈을 빌리지 말라고 말했어요.

간도와 만주로 쫓겨 가다

1910년, 일본이 한국을 강제로 점령하자 동양 척식 주식회사는 본격적으로 일본 이민자를 모집했어요. 한국으로 이주하는 일본인이 늘면서 한국인은 농사를 지을 곳이 없어졌어요. 가난한 농민들은 살 곳을 찾아 간도로, 만주로 떠나야 했습니다.

농민들 대부분이 추운 겨울에 만주로 떠났어요. 가을걷이를 끝내고 살림살이를 정리

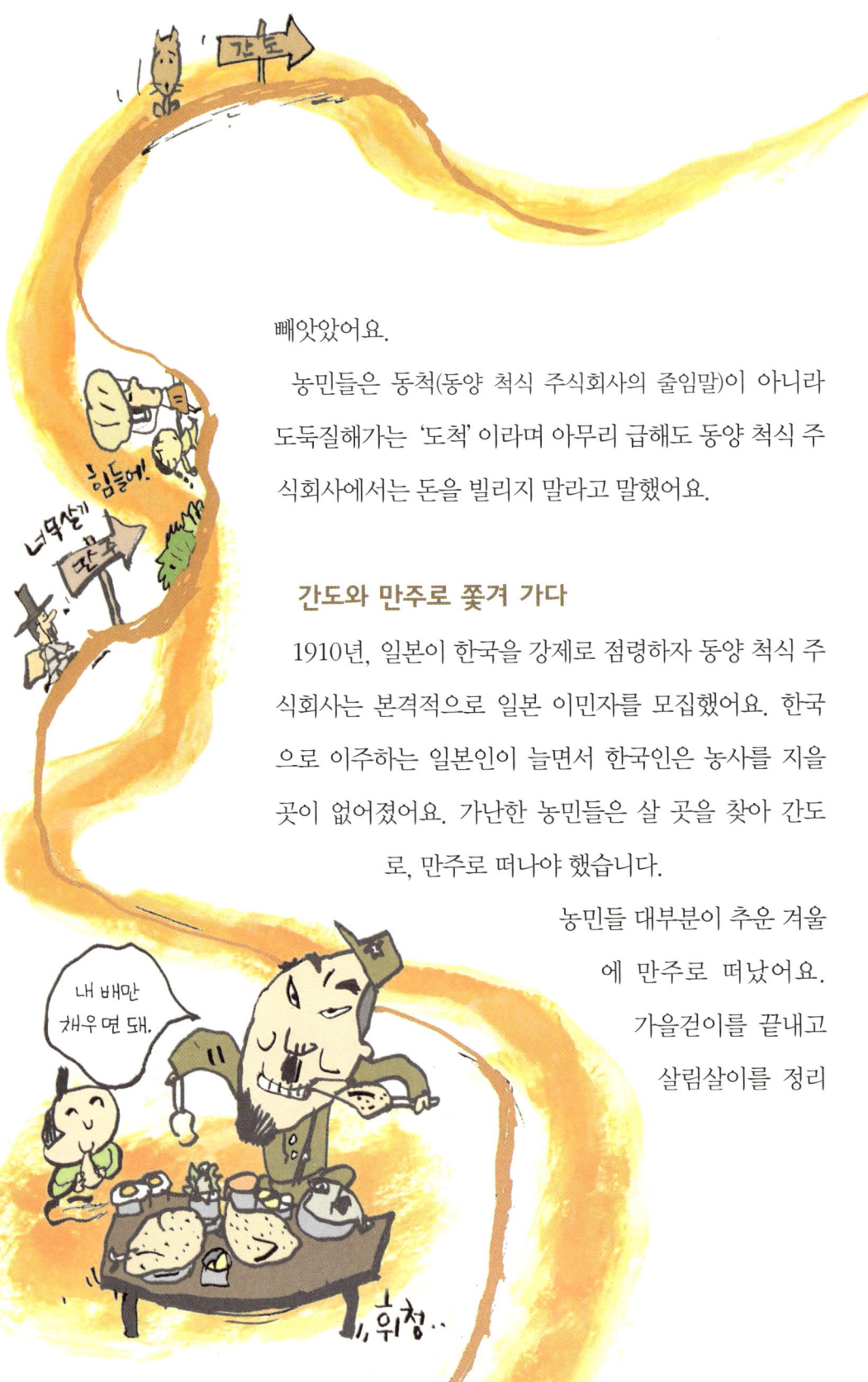

하려면 그럴 수밖에 없었지요. 추운 겨울, 가난한 농민들은 얼음장처럼 차가운 압록강과 두만강을 건넜어요. 짐이라야 이불 보따리 하나, 옷가지 몇 개, 숟가락이 전부였지요. 남편이 단출한 이삿짐을 등에 지고, 아내가 아이를 등에 업으면 이사 준비는 끝이었어요.

"일본 사람은 쌀밥 먹으러 한국에 오는데 우리는 잡곡밥 먹자고 만주로 떠나는구나!"

사람들은 탄식을 내뱉으며 고향을 등졌고, 지켜보는 사람들도 눈시울을 적셨어요. 시인 이상화는 국경을 넘는 사람들을 보고 이런 시를 썼습니다.

아, 가도다, 가도다, 쫓겨가도다
잊음 속에 있는 간도와 요동벌로
주린 목숨 움켜쥐고, 쫓겨가도다

간도나 만주 지역은 조선 후기부터 우리 민족이 땅을 일구었던 곳이에요. 국경 쪽에 살던 사람은 자연재해나 전염병으로 농사를 망치면 강을 건너 간도로, 만주로 갔어요. 아침에 간도에서 농사를 짓고 저녁에 집에 돌아오거나, 봄부터 가을까지 간도에서 지내며 농사를 짓고 가을걷이가 끝나면 돌아오기도 했어요.

춥고 비가 적게 내려 논농사를 짓기 어려웠던 만주에서 한국 사람은 가장 먼저 벼농사를 지었습니다. 오랫동안 날씨를 연구하여 마침내 성

● 만주와 간도

만주는 압록강, 두만강 북쪽의 중국 땅을 가리켜요. 역사적으로는 고조선, 고구려, 발해의 영토였어요. 발해가 망한 뒤에는 말갈족, 거란족, 여진족, 만주족 등이 생활했어요. 간도는 만주 지역 중에서도 한국인이 특히 많이 사는 지금의 옌볜 지역을 말해요.

● 만주국

청나라는 청일 전쟁에서 패한 뒤 사회적인 혼란을 겪다가 1912년 2월, 멸망합니다. 이어 '중화민국'이 들어섰지만 나라를 다스리는 힘이 약했어요. 지도자들은 서로 갈라져 다투고 군인들은 이곳저곳에서 세력을 키워 맞섰지요. 일본은 이런 혼란을 틈 타 청나라의 마지막 황제 푸이를 데려다 '만주국'을 세웠어요. 꼭두각시 정부를 이용해 만주를 차지하려는 계획이었어요.

공을 거둔 것이지요.

을사조약 이후에는 조국을 떠난 독립운동가들이 만주를 찾았어요. 한국 사람들은 마을을 만들고 학교를 세웠으며, 군대를 키워 일본군과의 전투에서 승리를 거두었습니다.

그러나 등 떠밀려 쫓겨나다시피 한 농민들에게 만주는 척박한 땅이었어요. 농사를 지을 땅도, 잠을 잘 집도 없어서 간신히 바람만 막은 곳에서 나무껍질과 풀을 뜯으며 생활했어요. 그래도 황무지를 부지런히 가꾸면 땅을 얻을 수 있다는 희망에 호미질, 곡괭이질을 멈추지 않았지요.

1930년대 들어 만주로 이주하는 한국 사람들이 폭발적으로 늘었어요. 일본이 '만주국'이라는 꼭두각시 정부를 세우고 한국 사람을 단체로 이민시켰기 때문이지요. 일본은 그럴듯한 말을 내세워 이민자를 모집했어요.

"한국처럼 땅이 좁고 자원이 부족한 나라에서는 가난을 벗어나기가 힘듭니다. 그러나 광활한 만주는 무엇이든 풍족합니다. 한국인 마을을 만들고 집까지 지어 놓았으니 이민을 신청하십시오. 농기구나 씨앗도 모두 줍니다."

일본은 만주만 가면 저절로 부자가 될 것처럼 떠벌렸고 한국 사람은 그 말에 속아 이민 길에 올랐지요. 그러나 만주는 일본이 말한 모습과는 정반대였어요. 척박한 땅에 다 쓰러져 가는 움막이 전부였어요.

 한국인 마을은 독립운동가들의 공격을 막기 위해 만든 것이었어요. 동포들이 사는 마을은 독립운동가들이 공격을 하지 못할 테니까요. 마을 주민들은 낮에는 거친 땅을 일구고 밤이면 흙성을 쌓거나 구덩이를 파는 일에 시달렸습니다.

 이 무렵 동양 척식 주식회사는 만주까지 진출해 있었어요. 그래서 중국의 황폐한 땅을 값싸게 사들여 비싸게 팔거나 힘들여 농사를 지어 놓으면 이자와 세금으로 뜯어 갔어요. 한국 농민들은 만주에서까지 동양 척식 주식회사의 횡포에 시달렸습니다.

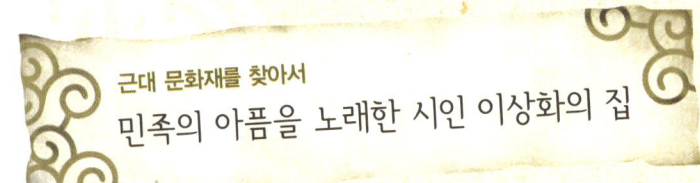

근대 문화재를 찾아서
민족의 아픔을 노래한 시인 이상화의 집

시인 이상화는 일제 강점기, 민족의 아픔을 시로 그려 냈어요. 이상화의 형은 만주에서 독립군으로 활동한 이상정 장군이었어요. 형의 영향으로 이상화도 3·1운동을 이끄는 등 일본에 저항했지요. 대구 교남 학교의 선생님으로 있을 때는 '나라 뺏긴 민족은 힘이라도 세야 한다.'며 학생들에게 권투를 가르쳤어요. 이상화의 대표작 '빼앗긴 들에도 봄은 오는가'는 일제 침략을 비판하는 시예요. 잡지 '개벽'은 이 시를 실었다가 문을 닫게 되었습니다.

외부 ◑
내부 ◑

이상화 고택

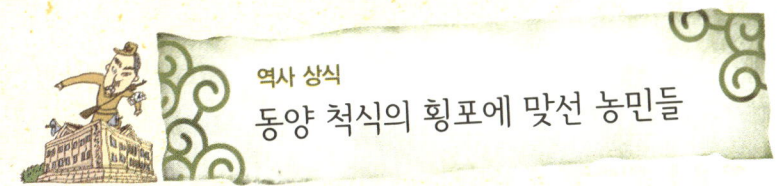

역사 상식
동양 척식의 횡포에 맞선 농민들

동양 척식 주식회사의 횡포가 심해지던 1920년대에는 여기저기서 농민 운동이 일어 났어요. 앞에서 이야기했던 나주군 왕곡면의 할머니 이야기로 잠시 돌아가 볼까요?

이 마을 사람들은 탐관오리의 농간으로 땅을 동양 척식 주식회사에 빼앗기자 힘을 합쳐 되찾기로 했어요. 법원에 호소도 하고, 소작료를 내지 않고 버티기도 했지만 동양 척식 주식회사는 꿈쩍도 하지 않았어요. 오히려 마을 사람들만 감옥 신세를 져야 했지요.

농민들은 마지막으로 일본인 변호사 '후세 다츠지'에게 도움을 청했어요. 후세는 한국의 독립을 위해 애쓰던 양심 있는 일본인이었어요. 그 공로로 2004년, 대한민국 건국 훈장을 받았어요.

후세는 흔쾌히 변호를 맡았습니다. 후세가 마을 사람 편에 서자, 동양 척식 주식회사는 토지를 돌려주겠다고 나섰어요. 그러나 돌려받은 것은 빼앗긴 땅의 절반도 되지 않았습니다.

나쁜 놈들!

조상 대대로 농사 짓던 땅을…

한편 황해도 재령군 북률면 사람들도 동양 척식 주식회사의 횡포에 용감히 맞섰습니다.

북률은 마을 전체가 동양 척식 주식회사의 농장이었고, 마을 사람 대부분이 회사와 계약을 맺고 일했지요. 어느 해, 흉년이 들었는데도 동양 척식 주식회사가 높은 소작료를 내라고 하자 농민들은 거부했어요. 그러자 동양 척식 주식회사는 친일파 청년들을 내세워 수확한 볏섬에 '동양 척식 주식회사'라는 꼬리표를 붙였어요. 다음 해 봄에는 저항한 농민들과는 소작 계약을 맺지 않았지요.

북률 사람들은 '먹을 것도 빼앗고 소작권마저 빼앗는 동양 척식 주식회사를 없애라.'며 서울 본사로 찾아가 시위를 벌였어요. 북률 사람들의 이야기는 신문에까지 실리며 화제가 되었지요.

••• 전국에 울려 퍼진 대한 독립 만세!
- 탑골 공원

탑골 공원은 원각사라는 절터에 만든 공원이에요. 황실 공원으로 지어졌지만 1913년부터 백성들도 이용했어요. 탑골 공원이 널리 알려진 것은 우리 민족의 힘을 보여준 3·1 운동 때문이에요. 독립 선언서를 낭독했던 팔각정, 만세 시위 모습을 새긴 부조판, 손병희 선생의 동상을 볼 수 있어요.

탑골 공원 팔각정
(시도 유형 문화재 제73호_ 종로구)

3·1운동의 싹을 틔우다

1919년 1월 중순, 일본 유학생 송계백이 보성 학교 교장 최린을 찾아왔어요. 이 학교 졸업생인 송계백은 모자 안감에 숨겨 온 명주 헝겊을 최린에게 내밀었어요. 거기에는 글씨가 빼곡히 쓰여 있었지요.

"일본에 있는 한국인 유학생들이 2월 8일에 독립 선언을 합니다. 이것은 그때 발표할 선언서입니다."

"도쿄 한복판에서 독립 선언을 하다니. 장하구나, 참으로 장해!"

"서울에서도 독립운동을 일으켜야 합니다. 선생님이 몸담고 계신 천도교에서 앞장서 주실 수 없겠습니까?"

최린은 송계백이 돌아간 뒤 천도교 지도자들을 만났어요. 모두 일본 유학생들의 용기를 칭찬하며 독립운동에 찬성했어요.

이 무렵 서울에 있는 전문학교(지금의 대학교) 학생들도 모임을 갖고 독립운동을 벌이기로 약속했어요.

오산 학교 설립자 이승훈 등도 교회를 중심으로 독립운동을 준비하고 있었습니다. 종교계와 학생들이 거의 같은 때에 독립운동을 준비한 이유는 당시 국제 사회의 움직임과 관계가 있어요.

1918년에 제1차 세계 대전이 끝나자 미국의 윌슨 대

● **천도교**
동학을 발전시킨 천도교는 일제 강점기 때 한국에서 가장 영향력이 큰 종교였어요.

● **제1차 세계 대전**
1914년부터 1918년까지 대부분의 유럽 국가와 미국 등이 벌인 전쟁이에요. 독일·오스트리아·터키 등이 동맹국으로 한편이 되고, 프랑스·영국·러시아·이탈리아·일본·미국 등이 연합국으로 한편이 되어 싸웠어요. 전쟁에서 패한 독일은 전쟁 책임을 떠안으며 엄청난 배상금을 물었고, 연합국으로 참가했던 이탈리아와 일본은 승리에 힘을 보태고도 이익을 얻지 못했다고 생각했어요. 세 나라의 이런 불만은 제2차 세계 대전의 원인이 되었습니다.

통령은 '민족 자결주의'를 주장했어요. 민족 자결주의란 어느 민족이든 정치를 스스로 결정할 수 있다는 말이에요. 식민지 민족도 독립하여 정부를 만들 수 있다는 뜻이지요.

민족 자결주의가 발표되자 한국 사람들은 큰 희망을 가졌어요. 한국도 독립운동을 벌이면 강대국들이 관심을 갖고 도움을 줄 것이라 믿었지요.

각자 독립운동을 준비하던 사람들은 자연스럽게 서로 힘을 합치기로 했어요. 천도교, 기독교, 불교계가 힘을 모으고 학생들에게도 손길을 내밀었어요.

그런데 마침 그 무렵, 고종 황제가 승하(황제의 죽음을 높여 부르는 말)했어요. 갑작스런 죽음을 두고 일본이 음식에 독을 넣었다는 소문이 돌

앉아요. 한국 사람은 누구나 고종 황제의 승하를 슬퍼하며 장례식에 참가하려고 했어요. 독립운동을 준비하던 지도자들은 사람들이 많이 모이는 때에 맞춰 독립 선언을 하기로 했어요. 그래서 고종 황제의 장례식이 열리기 전인 3월 1일을 거사일로 정했어요.

한국인이면 막지 마시오

"독립 선언서는 우리 민족의 이름으로 발표하는 겁니다. 이렇게 중요한 글을 쓸 사람은 최남선밖에는 없습니다."

최린은 독립 선언서를 쓸 사람으로 최남선을 추천했고 최남선도 일을 맡겠다고 나서 며칠 만에 독립 선언서가 완성되었어요.

인쇄는 천도교에서 운영하던 보성사가 맡아 2월 27일 저녁부터 비밀리에 작업했어요.

그런데 그 날 밤, 생각지도 못한 일이 벌어졌어요. 종로 경찰서의 한국인 형사 신승희가 보성사에 나타난 것입니다. 신승희는 애국지사의 움직임을 감시하며 잡아 가두기로 악명이 높았지요. 그날도 종로를 살피다가 불 꺼진 보성사에서 소리가 나는 것을 수상히 여기고 갑자기 들이닥쳤어요.

● **독립 선언서를 쓴 천재 작가 최남선**

독립 선언서를 쓴 최남선은 '해에게서 소년에게'라는 신체시를 발표하며 새로운 문학을 선보인 작가입니다. 최남선은 3·1 운동 이후에 감옥에 갇히기도 했지만 일제에 협조하는 실수를 저질렀어요. '2·8 독립선언서'를 쓴 이광수도 안창호를 도와 독립운동을 하다가 나중에는 친일파가 되었습니다.

눈치 빠른 신승희는 무슨 일이 벌어지는지 대번에 알아차렸지만 어쩐 일인지 아무 말도 없었어요. 보성사 사장 이종일은 스무 살쯤 어린 신승희를 붙잡고 통사정했어요.

"신 형사, 이번 일은 우리 민족의 운명이 걸린 일이오. 당신이 한국인이면 막지 마시오."

신승희는 조용히 인쇄소 밖으로 나갔어요. 그 뒤 신승희는 만주로 출장을 갔다가 두 달여 만에 돌아와 일본 헌병에게 체포되었어요. 독립운동을 알고도 눈감아 준 죄였어요. 신승희는 결국 감옥에서 스스로 목숨을 끊었어요.

독립 선언 준비는 순조로웠어요. 종교계 인사들은 독립 선언서에 서명할 민족 대표 서른세 명을 정했고, 학생들은 교회에 모여 태극기를 그렸어요. 독립 선언서는 기차에 실려 전국에 전해졌고, 고종 황제의 장례식에 참가하려는 사람들은 서울로 모여들었지요. 일본에서 돌아온 여자 유학생 김마리아, 나혜석, 황애덕 등도 여학생들을 찾아다니며 독립운동에 참가하도록 노력했어요.

전국으로 번진 대한 독립 만세

드디어 3월 1일, 학생들은 새벽부터 서울 시내를 뛰어다녔어요. 탑골 공원 집회 전단을 집집마다 배달하고 길

친일파로 돌아선 민족 대표
민족 대표 서른세 명 가운데는 나중에 친일파로 돌아선 사람이 많아요. 특히 최린은 아주 중요한 역할을 하고도 친일파가 되어 천도교에서도 쫓겨났어요. 이 밖에 길선주, 박희도 등도 친일파가 되었습니다.

거리에는 벽보를 붙였어요.

두 시가 되자 공원은 사람들로 발 디딜 틈이 없었어요. 일제에 강제 점령당하고 10년 동안 볼 수 없었던 태극기가 바람에 흔들리고 있었어요.

그런데 약속 시간이 되어도 민족 대표 서른세 명은 나타나지 않았어요. 일제의 방해로 사람들이 다칠 수 있다며 근처의 음식점 태화관으로 장소를 옮긴 탓이었어요. 민족 대표들은 그곳에서 자기들끼리 독립 선언서를 읽고 만세를 불렀습니다.

한편, 탑골 공원에 있던 사람들은 민족 대표가 나타나지 않자 웅성거리기 시작했어요. 그때 한 학생이 팔각정으로 올라가 주머니에서 독립 선언서를 꺼냈지요. 순간 모든 사람들이 입을 다물었고, 학생의 떨리는 목소리는 공원에 울려 퍼졌습니다.

"우리는 여기에 우리 한국이 독립된 나라인 것과 한국 사람이 자주 국민인 것을 선언하노라. …… 불쌍한 아들딸에게 부끄러운 유산을 물려주지 않으려면, 자자손손이 길이 완전한 행복을 누리게 하려면, 우선 급한 일이 겨레의 독립인 것을 뚜렷하게 하려는 것이다.……"

학생이 선언서를 끝까지 읽자 누군가가 '대한 독립 만세!'를 외쳤어요. 그 소리가 신호가 되어 탑골 공원은 '만세' 소리로 떠나갈 듯 했어요.

사람들은 거리로 뛰어나가 두 손을 높이 들며 만세를 외쳤어요. 사람들은 모자와 손수건, 태극기를 흔들었습니다. 길거리에 있던 사람들도 주저하지 않고 시위에 참가했어요. 사람들은 그저 만세를 부르며 거리를 행진했어요. 정동을 지날 때는 여러 나라의 영사관에 들러 독립 선언서를 나누어 주었지요.

시위는 몇 날 며칠이고 계속되었어요. 학생들은 휴학을 하고, 직장에 다니던 사람들은 일을 멈추고, 상인들은 가게 문을 닫고 만세를 불렀어요. 한국인 경찰이나 소방대원들은 시위대를 흩어지게 하라는 명령을 어기고 옷을 벗어던진 채 만세 운동에 참가했지요.

서울에서 물꼬를 튼 3·1 운동은 곧 전국으로 퍼져갔어요. 지방에 있던 애국지사들은 소식을 듣자마자 만세 운동을 이끌었어요. 고종 황제의 장례식에 참가했던

사람들은 옷 속에 독립 선언서를 숨겨 돌아갔고, 학교가 문을 닫아 고향으로 간 학생들은 서울에서 벌어진 감격스러운 일을 전했지요. 이런 사실에 감동을 받은 다른 지역 사람들이 너도나도 만세를 불렀어요. 함경도에서부터 제주도까지 한반도 전체가 만세 소리와 태극기 물결로 뒤덮였습니다.

한국 사람이 있는 곳이면 나라 밖도 마찬가지였어요. 중국의 만주와 러시아 연해주에서 만세 운동이 일어났고, 미국 동포들도 태극기를 들고 시내를 행진했어요. 2·8 독립 선언에 참가했던 일본 유학생들은 지역을 옮겨 독립 선언을 했습니다.

3·1운동에 힘입어 태어난 '대한민국 임시 정부'

10년 동안 쌓인 민족의 분노가 한꺼번에 터지자, 크게 당황한 일본은 시위 행렬을 무자비하게 공격했어요. 군대와 헌병, 경찰로도 모자라 총독부 관리와 일본 상인들을 끌어들였고 나중에는 일본에서 불량배들까지 데려왔어요. 그들은 시위대를 향해 총을 쏘고, 칼과 곤봉을 휘두르고, 쇠갈고리를 던졌어요.

한국 사람들은 경찰서에 끌려가 곤장을 맞아 병들고, 감옥에 갇혀 모진 고문으로 목숨을 잃었어요. 경기도 화성의 제암리에서는 온 마을 사람이 교회에 갇혀 학살당했습니다.

그러나 이토록 비싼 대가를 치르고도 원하던 독립은 이루지 못했어요. 세계 대전에서 승리한 일본 등은 여전히 큰 소리를 치며 식민지를 거느렸어요.

그러나 3·1 운동은 우리 민족의 자존심을 일깨운 커다란 사건이었어요. 청년들은 큰 뜻을 품고 만주로 가 독립 운동에 참가했고, 중국 동포들은 자식을 독립군에 보냈어요. 신흥 무관 학교는 제 발로 찾아오는 청년들 때문에 새로운 학교를 세울 정도였지요.

그리고 그해 4월 13일, 상하이에서 '대한민국 임시 정부'가 세워졌어요.

3·1운동에 얼마나 많은 사람들이 참여했나?

역사학자 박은식은 '독립운동지혈사'에서 3·1 운동의 규모를 밝히고 있어요. 이 책에 따르면 3월부터 5월까지 집회수 1,542회, 참가자 202만 3,098명, 사망자 7,509명, 부상자 1만 5,961명, 체포된 사람은 4만 6,948명이라고 합니다.

근대 문화재를 찾아서
학생들이 3·1 운동을 준비하던 승동 교회

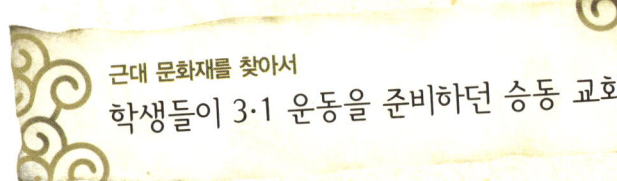

　1919년 1월 말쯤, 한국의 학생 대표들은 독립운동을 준비하고 있었어요. 제1차 세계 대전이 끝나면서 몇몇 식민지 나라가 독립할 것을 알고, 때맞춰 운동을 펴기로 한 것이지요. 학생들은 승동 교회에 모여서 계획을 짰어요. 독립 선언서를 만들고 학생들을 모을 방법도 의논했지요. 3·1 운동에 참가하면서 학생들이 만든 독립 선언서는 쓸모없게 되었지만, 준비는 계속되었어요.

　3·1 운동이 벌어지기 전날, 학생들은 승동 교회 지하실에 모여 태극기를 그렸고, 서울 시내에 뿌릴 독립 선언서를 서로 나누어 가졌습니다.

승동 교회
(시도 유형 문화재 제130호_ 종로구)

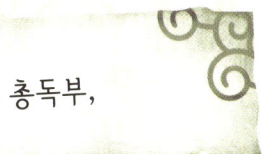

역사 상식
3·1 운동에 놀란 조선 총독부, 통치 태도를 바꾸다

1910년, 한국을 강제로 병합한 일본은 총칼을 앞세운 이른바 무단 통치를 시작했어요. 조선 총독은 육군이나 해군 대장만 임명될 수 있었고, 조선 총독의 말 한마디가 곧 법이 될 수 있었지요.

경찰이 할 일은 무기를 든 헌병(군인들의 경찰)이 맡았어요. 식민지라 해도 힘없는 사람들을 헌병이 감시하는 나라는 어디에도 없었어요. 헌병은 한국인을 멋대로 체포해 처벌할 수 있었어요. 1912년에 만든 '경찰범 처벌 규칙'을 보면, 일정한 집이나 직업 없이 떠도는 사람, 관청의 독촉을 받고도 굴뚝 청소를 하지 않는 사람을 재판 없이 잡아 가둘 수 있었어요.

또 한국 사람에게만 적용하는 나쁜 법을 만들었는데 대표적인 것이 '조선 태형령'이에요. 태형은 몽둥이로 볼기를 치는 형벌인데 비인간적이라고 해서 없어진 지 오래였어요. 그러나 일제는 비명을 지르면 물에 적신 천으로 입을 막는다는 자세한 규칙까지 만들어 놓고 한국 사람을 괴롭혔어요.

이 같은 일제의 횡포에 한국인의 분노는 쌓이고 쌓였고, 마침내 3·1 운동으로 폭발하기에 이르렀어요.

한국 사람이 하나같이 들고 일어나 독립 만세를 부르자, 일제는 지금까지의 무단 통치를 문화 통치로 바꾼다고 발표했습니다. 헌병을 없애고 신문이나 잡지 발행을 허락했으며 한국인을 관직에 채용했어요. 또 앞으로 정책을 펼 때 조선의 문화와 관습을 존중하고, 교통이나 교육 문제를 편리하게 바꾼다고 약속했어요.

그러나 문화 통치는 이름뿐이었어요. 헌병 대신 경찰의 수는 더 늘었고, 마음에 들지 않는 신문 기사는 삭제했어요. 한국인에게는 농업, 상업, 공업에 관한 교육만 했고 전문적인 지식은 가르치지 않았지요.

한편 일제는 일본을 좋게 생각하는 지식인을 골라내 친일 단체를 맡겼고, 사업을 하는 사람에게는 많은 혜택을 주었어요. 무력 투쟁을 멈추고 실력을 쌓으면 독립할 수 있다고 꾀었지요. 이 말을 믿고 여러 민족 지도자가 친일파의 길로 들어섰어요. 관직에 나간 한국인들은 일제의 생각에 물들며 친일파로 성장했지요.

일제의 문화 통치는 친일파를 키워 내서 우리 민족을 둘로 가르려는 눈가림 정책이었습니다.

◦◦◦ 한성에서 경성으로, 한 도시 두 얼굴
- 서울시청 청사

예나 지금이나 서울은 한국에서 가장 발달한 도시입니다. 일제 강점기 때도 마찬가지였어요. 인구는 크게 늘었고 온갖 편리한 시설이 들어서면서 근대 도시로 자리 잡았지요. 일본인과 한국인이 함께 살던 서울은 어떤 모습이었을까요?

서울시청 청사
(등록 문화재 제52호)

사라지는 한성의 자취

1910년 8월 29일, 한국을 일본에 합친다는 내용의 '한일 병합 조약'이 발표되었어요. 한국은 일본의 식민지가 되어 일본인 총독의 통치를 받게 되었습니다. 첫 번째 총독이 된 데라우치는 조선 총독부 간판을 내걸고 이런 말을 했습니다.

"오늘부터 대한 제국 대신 조선이라 부르고, 한성은 경성이라고 부른다."

나라를 빼앗기자 나라의 이름도, 도읍지 한성의 이름도 바뀌었어요. 오랜 역사와 전통을 갖고 있는 문화 유적도 사라졌지요. 특히 서울을 둘러쌌던 성곽과 궁궐이 파괴되었습니다.

조선을 세운 이성계는 궁궐을 지은 뒤에 북악산, 인왕산, 남산, 낙산의 능선에 성곽을 빙 둘러쌓았어요. 성곽에는 사람이 드나들 수 있게 문을 냈지요. 동서남북에 네 개의 큰 문을 내고 사이사이

에 네 개의 작은 문을 만들었어요. 조선 조정은 성곽을 나라의 겉옷이라 여기며 중요하게 관리했지요. 그러나 일제는 교통에 방해가 된다며 성곽을 허물고 성문을 부수어 큰 길을 냈습니다.

그런데 이상하게도 남대문과 동대문은 그냥 두었어요. 처음에는 군대가 다니기 힘들다는 이유로 모든 문을 없애려고 했지만 어느 일본인의 말 한마디에 계획이 바뀌었어요.

"임진왜란 때 가토 장군은 남대문으로 들어와 서울을 차지했습니다. 고니시 장군은 동대문을 통해 서울에 들어왔지요. 이런 역사적인 문을 없애 버리면 아깝지 않습니까?"

4대문과 4소문

정북은 숙청문, 동북은 홍화문이니 속칭 동소문이라 하고, 정동은 흥인문이니 속칭 동대문이라 하고, 동남은 광희문이니 속칭 수구문이라 하고, 정남은 숭례문이니 속칭 남대문이라 하고, 서남은 소덕문이니 속칭 서소문이라 하고, 정서는 돈의문이며, 서북은 창의문이라 하였다.

– 조선왕조실록,
태조5년(1396) 9월 24일

다 뜯어 고쳐야지.

한국의 미를 알아본 야나기 무네요시

야나기 무네요시는 한국 미술의 특징이 불상이나 범종, 지붕, 버선의 아름다운 곡선에 있다고 말했어요. 또 한국 예술의 아름다움에는 슬픔이 녹아 있다고 했지요. 한국의 미를 슬픔으로 본 의견에는 반대도 많지만, 야나기 무네요시는 우리나라 전통 미술 연구에 많은 영향을 주었어요. 백성들이 만들어 낸 민화나 민예품을 수준 높은 문화로 바라보았고, 총독부가 광화문을 파괴하려 할 때나 석굴암을 수리하려 할 때 강하게 반대했어요.

조선 물산 공진회

전국의 이름난 물품을 모아서 전시한 대대적인 산업 박람회예요. 일제는 박람회를 통해 일본이 한국을 발전시켰다고 뽐내려 했어요.

임진왜란 때 일본군 장수가 들어왔다는 이유로 남대문과 동대문을 허물지 않았던 것이었어요.

조선 왕조를 상징하는 궁궐도 제 모습을 완전히 잃어버렸어요. 대한 제국 시기 서울에는 경복궁, 창덕궁, 창경궁, 경희궁, 경운궁 등 다섯 궁궐이 있었어요. 이 중 경희궁은 일제에 의해 완전히 사라지고 일본인이 다니는 중학교가 들어섰어요. 고종이 지내던 경운궁도 덕수궁으로 이름이 바뀌었어요. 경운궁의 담장을 헐고 새로 쌓으면서 궁 안에 있던 건물은 밖으로 밀려났습니다.

경복궁도 큰 피해를 입었어요. 경복궁은 고종 황제가 아관 파천 이후에 경운궁으로 가는 바람에 빈 궁궐이 되었어요. 그러자 일제는 경복궁의 여러 건물을 헐거나 상품처럼 팔았어요. 세자가 머물던 자선당은 한 일본인 기업가가 도쿄의 자기 집에 통째로 옮겨 놓았지요. 또 1915년에는 '조선 물산 공진회'라는 박람회를 위해 전시관을 짓는다고 전각들을 헐어 냈습니다.

경복궁의 수난은 여기서 그치지 않았어요. 일제는 남산에 있던 총독부가 좁다며 새 건물을 경복궁에 지었어요. 임금이 정사를 보던 근정전은 조선 총독부 건물에 완전히 가려졌고, 경복궁의 정문인 광화문은 사라질 위험에 처했어요. 그 때 일본인 학자 '야나기 무네요시'가

광화문을 그대로 두어야 한다고 주장했어요. 그래서 광화문은 보존될 수 있었어요.

서로 다른 두 얼굴, 남촌과 북촌

도읍지의 모습이 사라진 경성(일제 강점기 서울의 이름)에는 큰 도로가 나고 근대적인 건물이 생겨났어요. 수도, 전기, 전화 등 근대 문명도 속속 들어왔지요. 그러나 이런 시설은 일본인을 위한 것이었어요.

일본인들은 남산 아래 진고개(지금의 충무로)에 모여 살았어요. 이곳은 청계천의 남쪽에 있어 남촌이라 불렀어요. 한국인은 종로를 중심으로 하는 북촌에 살았지요. 그런데 남촌과 북촌은 같은 도시에 있으면서도 너무나 다른 모습이었어요.

남촌에는 이층, 삼층의 상점과 음식점이 빼곡했어요. 상점에서 파는 물건도 양복, 과자, 기계 등 여러 가지였어요. 밤에는 전등을 환하게 밝혀 마치 별천지 같았지요. 길에는 아스팔트를 깔고 거리에는 가로수를 심었어요.

그러나 북촌은 밤이면 어두컴컴한 거리로 변했어요. 바람이 불면 흙먼지가 풀풀 날리고, 비나 눈이 오면 바닥은 질퍽질퍽한 진흙탕이 되기 일쑤였지요.

남촌은 북촌보다 사람 수도 적고 거리도 깨끗했어요. 그러나 쓰레기를 치우고, 소독을 하고, 바닥에 물을 뿌리는 일은 언제나 남촌이 먼저였어요. 두 곳은 동네 이름마저 달라서 남촌은 황금정(지금의 을지로), 명

치정(지금의 명동)과 같이 '정'을 붙였고 북촌은 관철동, 계동처럼 '동'을 붙였어요. 일제의 보호 아래 진고개가 날로 발전하자 구경 삼아 이곳을 찾는 한국인도 늘었어요.

"서울 사람들이 왜 바삐 돌아다니나 했더니, 진고개에 가서 일본인에게 돈을 퍼 주느라 그랬구먼."

진고개로 가는 한국인을 비꼬는 말이었어요. 사람들이 진고개에 갈수록 종로의 한국인 상점은 어려움을 겪는다며 충고하는 사람도 있었어요.

발전하는 종로, 밀려나는 한국인

차별받던 북촌이 달라진 것은 총독부 건물이 새로 들어서고부터예요. 일제는 총독부 건물을 지으면서 덕수궁 건너편에 경성부 청사도 새로 지었어요. 그리고 두 관공서를 잇는 곧고 널찍한 도로를 냈지요.

일제는 한국 사람에게 일본이 강하다고 뽐내기 위해 다른 여러 관공서를 새로 지었어요. 그런데 관공서가 들어선 곳이 바로 북촌이었어요. 일본인들은 관공서를 따라 북촌으로 몰렸어요. 총독부와 경성부에서 일하는 관리들이 북촌에 집을 구했고, 상인들은 종로에 상점을 냈어요. 일본인이 끌고 다니는 나막신 소리가 북촌에도 가득 찼지요.

종로에도 하수도와 가로등이 설치되었고 도로는 말끔히 포장되었어요. 서양에서 들여온 물건을 파는 가게가 늘고 고층 건물이 나타나기 시작했지요. 한국인이 운영하는 화신 백화점도 이 무렵에 들어섰어요. 종로는 점점 진고개를 닮아 가고 있었습니다. 사람들은 종로가 서울의 중심지가 될 거라고 말했어요.

그러나 종로가 발전하면서 가난한 한국인들은 머물 곳을 잃었어요. 일본인에게 집과 땅을 팔고 도시 바깥쪽으로 밀려났지요. 그 당시 신문은 '시골 사람은 만주로 쫓겨 가고, 서울 사람은 알알이 콩콩이 다 빼앗기고 성문 밖으로 내몰린다.'며 한국인의 처지를 안타까웠어요.

용산에 뿌리 내린 일본 군대

일본인이 많이 살았던 또 다른 곳은 용산이었습니다.

조선 시대의 용산은 곡식 창고, 무기 창고들이 빼곡히 들어섰던 포구 마을이었어요. 경상도, 강원도 등지에서 올라온 물건은 용산의 창고에 보관되었다가 성 안으로 보내졌지요.

그러나 경인선 철도가 개통되고 역이 생기자 용산에는 철도 공장, 철도 병원 등이 들어섰고 일본인들이 모여 살기 시작했어요.

러일 전쟁이 벌어진 1904년부터는 '조선군'이라 불리는 일본 군대가 머물기 시작했어요. 대규모 일본 군대가 한꺼번에 머문 것은 이때가 처음이었어요. 일본은 용산에 군인들의 숙소와 사격장, 군 창고, 군 병원 등을 지었습니다.

'조선군'은 러시아와 전쟁을 벌일 때 한국인이 난리를 일으키는 것을 막고, 전쟁터에 나간 일본군을 돕는 일을 했어요. 전쟁이 끝난 뒤에는 한국을 침략하기 위해 총칼을 빼들었어요. 을사조약을 맺을 때에는 훈련을 한다며 사람들을 공포에 떨게 했고, 한국 군대를 해산시켰지요.

전국에서 의병 운동이 일어났을 때에는 이들을 잡아들이는 데 앞장섰어요. 3·1 운동 때에는 시위대를 향해 공격을 퍼붓고 죄 없는 사람을 학살하는 만행도 서슴지 않았어요. 또 만주까지 활동 무대를 넓혀 독립운동가들을 잡아들였습니다.

근대 문화재를 찾아서
궁궐에 들어선 식물원, 창경궁 대온실

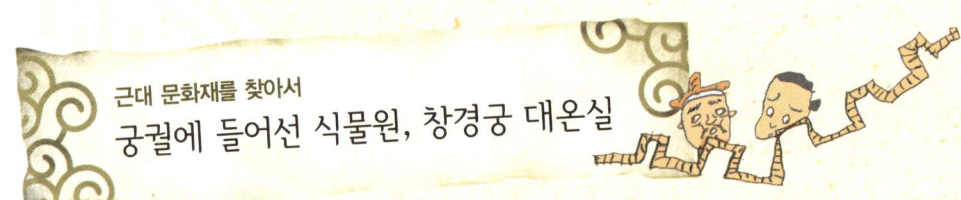

일제는 몸이 약한 순종 황제를 위로한다는 구실로 창경궁에 식물원과 동물원을 지었어요. 벽면이 유리로 된 대온실도 이때 들어섰어요. 우리나라에서는 가장 먼저 생긴 서양식 온실이지요. 일제는 동물원과 식물원을 지음으로써 신성한 궁궐을 한낱 놀이 시설로 바꾸어 놓았어요.

창경궁 대온실
(등록 문화재 제83호)

역사 상식
빼앗긴 문화재

창경궁에 박물관이 지어졌을 때였어요. 고종 황제가 이토 히로부미의 안내를 받으며 전시관을 돌아보고 있었어요. 고종은 고려청자 앞에서 발길을 멈추고 이토 히로부미에게 물었습니다.

"처음 보는 도자기인데 어느 나라 것이오?"
"이 나라의 고려청자입니다."
그러나 고려청자를 한 번도 본 적이 없는 고종 황제는 고개를 저으며 말했어요.
"우리나라에 이런 도자기는 없소."
이토 히로부미는 차마 고려 왕릉에서 파냈다는 말을 할 수 없었지요. 한국에서 조상의 묘를 파내는 일은 감히 생각조차 할 수 없는 일이었어요. 그러나 일본은 무자비하게 한국의 왕릉이나 옛 무덤을 파서 도자기나 금관 등 귀중한 문화재를 빼냈어요.

특히 이토 히로부미는 고려청자를 좋아해서 닥치는 대로 사들였어요. 그래서 무덤을 파헤쳐 고려청자를 훔치는 도굴꾼은 더욱 활개를 쳤지요.

첫 번째 조선 총독인 데라우치도 마찬가지였어요. 문화재 조사 사업을 벌여 신라 시

대부터 조선 시대까지의 책과 글씨, 그림 등 3천여 점을 가져갔어요. 데라우치가 한국, 중국, 일본 등에서 수집한 문화유산으로 그의 아들은 '데라우치 문고'라는 개인 박물관을 만들었지요. 데라우치는 또 오대산 사고(조선왕조실록을 보관하던 네 곳의 서고 중 한 곳)에 보관하고 있던 조선왕조실록을 도쿄 제국 대학에 연구 자료로 내준다며 몽땅 실어갔어요.

경복궁 자선당을 통째로 자기 집에 옮긴 '오구라'도 엄청난 돈을 들여 왕릉에서 몰래 빼 낸 문화재를 사들였어요.

이 밖에도 헤아릴 수 없이 많은 탑과 불상, 글씨, 그림, 책 등을 약탈해 갔어요. 그 가운데 일부는 돌려 받았지만 박물관이나 개인이 보관하고 있는 문화재들은 아직도 되찾지 못하고 있어요.

침략 전쟁의 상처를 품은 곳
- 제주도 일제 군사 시설

제주도는 수많은 관광객이 찾는 무척 아름다운 섬이에요. 하지만 제주도 곳곳에 식민지의 아픈 상처가 남아 있답니다. 바로 일본이 태평양 전쟁 때 만들어 놓은 비밀 기지들이에요. 오름이라 불리는 산봉우리와 해안가 절벽의 인공 동굴, 넓은 들판에 납작하게 엎드린 비행기 격납고가 바로 그것이지요.

제주 송악산
해안 일제 동굴 진지
(등록 문화재 제313호)

진주만 기습으로 시작된 태평양 전쟁

1941년 12월 8일 아침, 미 해군 함대가 머물던 하와이 진주만에 낯선 비행기 300여 대가 나타났어요. 비행기는 곧 레이더에 잡혔지만 미군은 자기편이 훈련하는 것으로 알고 대수롭지 않게 여겼어요. 배 위에서 구경을 하는 병사들도 있었지요.

그때 갑자기 비행기가 낮게 날면서 엄청난 양의 폭탄을 쏟아 붓기 시작했어요. 진주만은 거대한 폭발소리와 불기둥으로 뒤덮였습니다.

"공습이다! 일본 비행기의 공습이다!"

비상 사이렌이 울리고 미군은 곧바로 공격할 채비를 했지만 일본군의 공격은 끝나가고 있었어요.

여러 대의 미 군함이 가라앉고 비행기와 활주로가 크게 부서졌어요.

미국과 일본 사이의 태평양 전쟁은 이렇게 진주만을 기습 공격하는 것으로 시작되었습니다.

전쟁 소식은 즉시 한국에도 전해졌어요. 조선 총독부의 나팔수 노릇을 하던 매일신보는 이런 기사를 실었습니다.

일본 해군이 오늘 새벽 하와이 진주만의 미국 함대와 항공 병력에 기습 공격을 감행하다. 이어 오전 11시 45분 일본 황제가 선전포고함으로써 제2차 세계 대전 대동아 전쟁이 미국과 일본 사이에 벌어지다.

신문에서는 '태평양 전쟁'을 '대동아 전쟁'이라고 썼어요. 두 이름에는 어떤 차이가 있을까요?

'대동아'는 일본이 새롭게 만든 말로 동·남·북아시아와 태평양 연

안 국가를 일컬어요. 당시 이들 나라는 미국, 영국 등의 지배를 받고 있었는데, 일본은 미국과 전쟁을 벌여서 해방시켜 주겠다고 큰소리쳤어요. 전쟁은 '대동아'를 위해 벌이는 것이므로 '대동아 전쟁'이라는 주장이었지요.

그러나 '대동아 전쟁'은 얕은 속임수였어요. 일본은 태평양 전쟁을 일으키기 전에 중국과 전쟁을 벌이고 있었는데 예상과 달리 전쟁이 길어지면서 경제적인 어려움에 빠졌지요. 게다가 영국과 미국은 일본의 중국 공격을 반대하여 석유 수출을 끊어 버렸어요. 일본은 어려움을 벗어나기 위해 지하자원이 풍부한 동남아시아를 차지하려 했어요.

동양 평화를 내세우며 한국을 강제 점령한 것처럼 '서양 세력을 몰아내고 아시아 국가들끼리 똘똘 뭉쳐서 다 같이 잘 살자.'는 '대동아 공영'을 핑계로 동남아시아를 침략했던 것이지요.

'황국의 신민'이 되어라

일본이 침략 전쟁에 열중할 때 우리나라에서는 어떤 일이 벌어지고 있었을까요?

조선 총독부는 우리나라 사람을 황국(황제의 나라, 일제 강점기에 일본이 자기 나라를 가리키던 말)의 충성스런 신민으로 만들기 위해 노력하고 있었어요.

모든 한국인은 일본 왕에게 충성을 다짐하는 '황국 신민 서사'를 외워야 했어요. 하루에 한 번씩 일본 왕이 있는 도쿄를 향해 절을 하고,

낮 12시에 사이렌이 울리면 전쟁으로 죽은 일본군을 위해 묵념했지요. 한글은 사용하지 못하게 했고, 성과 이름을 일본식으로 바꾸는 '창씨개명'을 강요했습니다.

일본의 목적은 우리나라 사람들의 민족정신을 없애 전쟁터에 내보내는 것이었어요. 그동안 일본은 우리나라 사람들을 군대에 보내지 않았습니다. 일본을 미워하는 마음 때문에 일본군에게 총을 쏠까 봐 두려웠으니까요. 그러나 침략 전쟁이 길어지자 군인의 수가 부족해져서 우리나라 사람들도 군대에 보내야만 했어요. 모든 일에서 우리나라 사람들을 차별하던 일제는 전쟁에 내보내기 위해 '조선인이나 일본인이나 똑같은 황국 신민'이라고 주장했어요.

'황국 신민화' 교육은 학교에서 더욱 심했어요.
어린이들은 교문을 들어서면 먼저 일본 왕의 사진을 걸어둔 건물 앞에서 절을 했어요. 공부를 마치고 집에 갈 때도 마찬가지였지요.

🟡 **조선과 일본은 하나?**
1937년, 중일 전쟁을 일으킨 일본은 내선일체(내는 일본을 가리키고 선은 조선을 가리키는데, 내선일체는 일본과 조선은 하나라는 뜻)를 주장하며 일본 왕에게 충성하고 전쟁터에 나가 싸우라고 강요했습니다.

교실에서는 일본이 세계에서 가장 훌륭한 나라이며 일왕은 살아 있는 신이라고 가르쳤어요. 게시판과 교실 벽에는 전쟁 상황을 알려 주는 신문이나 잡지, 군함이나 비행기의 사진이 빼곡했지요. 일본군이 점령한 곳을 표시한 지도도 빠지지 않았어요.

일제는 어린이들을 미래의 '일본군'으로 길러 내려고 했습니다.

물건을 빼앗고 사람을 끌고가고

일본의 전쟁이 길어지면서 우리나라 사람들의 생활은 더욱 힘들어졌어요. 일제는 한국인들의 옷차림부터 밥상까지 간섭했어요.

한복이 불편하다며 남자들은 군복을 흉내 낸 국민복을, 여자들은 '몸뻬'라 불리는 통이 넓은 바지를 입게 했어요. 방공호에 숨거나 일을 하는 데 편리한 옷차림이었지요.

아침은 국 하나, 김치 하나로 간단히 차리고 하루에 두 끼만 먹자는 운동도 벌였어요. 전쟁 막바지에는 배급이 너무 적어 상차림이 저절로 간단해졌지요.

군대에서 쓸 물건이나 식량은 모두 걷어 갔어요. 쌀, 밀 등 곡식은 물론 도토리, 누에고치, 볏짚, 수숫대까지

가져갔고, 그릇, 숟가락, 농기구, 솜이불도 빼앗아 갔어요. 특히 총알을 만들기 위해 쇠붙이는 감옥 문만 빼고 우체통이든 문고리든 가리지 않고 뜯어 갔어요.

게다가 일제는 우리나라 사람에게 강제 노동을 시켰어요. 많은 사람을 데려다 탄광이나 비행장, 군수 공장(군대에 필요한 물품을 만드는 곳)에서 일하게 했어요. 홋카이도, 사할린, 멀리 남태평양까지 끌고 갔지요.

청년들은 전쟁터로 내몰려 일본을 위해 무기를 들었어요. 처음에는 원하는 사람만 데려가더니 나중에는 닥치는 대로 끌고 갔지요. 여자들은 군수 공장에서 돈을 벌게 해 준다며 데려가서는 일본군의 위안부로 내몰았어요.

그 당시 고통을 겪은 할아버지, 할머니들의 상처는 전쟁이 끝난 지금도 아물지 않고 있어요.

일본의 비밀 기지가 된 제주도

 전쟁을 일으킨 일본은 처음 여섯 달은 승승장구하며 동남아시아 지역과 태평양의 섬들을 점령했어요. 그러나 곧 미군의 거센 공격을 받았어요. 1945년에 들어서는 일본 스스로 패배를 점칠 정도였어요. 일본은 완전히 궁지에 몰려 있었지요.

 그런데도 일본군 지휘 본부는 항복할 생각이 없었어요. 오히려 자주 회의를 열어 미군의 공격이 거세지면 어떻게 저항할지 의논했어요.

"미군이 도쿄를 공격한다면 먼저 규슈, 홋카이도, 제주도 같은 곳에 기지(군대가 작전을 펴기 위해 군사나 무기를 두는 곳)를 만들 것입니다. 우리 일본군이 먼저 이곳을 차지하고 있다가 미군과 싸워야 합니다. 그래야 일본 영토를 안전하게 지킬 수 있습니다."

일본은 미군이 점령할 만한 지역 일곱 곳을 골라 기지를 만들었어요. 만약 미군이 들어오면 마지막 한 사람까지 싸운다는 '결호 작전'을 세웠어요.

일곱 개의 지역은 결1호, 결2호 등으로 구분했는데 제주도는 '결7호' 지역이 되었지요.

'결호 작전'이 세워지면서 중국이나 한국에 있던 일본 군대는 제주도로 속속 모여들었어요. 7만 5천여 명이나 되었지요. 일본군은 주민들에게 강제로 일을 시켰어요. 중일 전쟁 때 만든 알뜨르 비행장을 넓히고 비행기를 숨길 수 있게 격납고를 만들었지요. 지하에는 전투사령실, 탄약 창고 등을 마련했어요. 오름이나 바닷가 해안가 절벽에도 굴을 팠어요. 몇 달 만에 수백 개의 인공 동굴이 제주도에 생겨났습니다. 일본군은 동굴에 무기와 군대를 숨길 작정이었습니다.

일본의 '결호 작전'은 일반적인 군사 작전이 아니었어요. 만약 미군이 제주도로 들어오면 모든 주민을 산으로

> 🟠 **알뜨르**
> 아래를 뜻하는 '알'과 들판을 뜻하는 '뜨르'가 합쳐진 제주도 말입니다.

카이로 선언과 포츠담 선언

미국·영국·중국의 세 지도자 루스벨트·처칠·장제스는 1943년 11월 27일, 이집트 카이로에서 회담을 갖고 일본이 항복할 때까지 군사 행동을 함께 하기로 결정했어요. 2년 뒤인 1945년 7월 26일, 독일 포츠담에 모인 세 나라 지도자는 일본의 무조건 항복을 요구하는 포츠담 선언을 발표했지요. 일본이 거부하자 미국은 원자 폭탄을 사용했어요.

데려가서 죽을 때까지 싸우게 하는 끔찍한 작전이었어요. 주민을 방패로 삼아 미군이 일본 땅에 들어오는 것을 늦추겠다는 생각이었지요.

다행히 미군은 제주도에 상륙하지 않았어요. 히로시마와 나가사키에 원자 폭탄을 떨어뜨려 전쟁을 빨리 끝내려고 했지요. 첫 번째 폭탄이 떨어질 때까지 꿈쩍도 않던 일본은 마침내 1945년 8월 15일, 항복을 발표했어요. 그렇게 태평양 전쟁과 제2차 세계 대전이 끝났고, 한국도 일제의 손아귀에서 풀려났습니다.

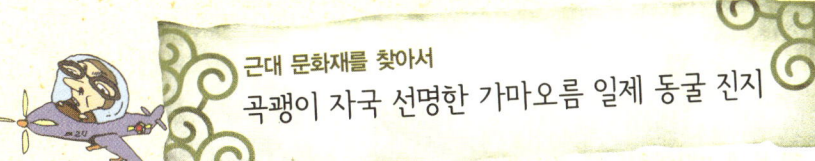

근대 문화재를 찾아서
곡괭이 자국 선명한 가마오름 일제 동굴 진지

제주 가마오름 일제 동굴 진지는 미로처럼 연결된 3층 동굴이에요. 전체 길이는 2킬로미터가 넘고 출입구가 열 개나 있어요. 강제로 끌려온 한국인들은 곡괭이만으로 이렇게 큰 굴을 판 거예요. 동굴 벽에는 그때 생긴 곡괭이 자국이 아직도 선명하게 남아 있지요. 동굴 진지 옆에는 가마오름 평화 박물관이 문을 열어 전쟁의 참혹함을 보여 주고 있어요. 땅굴 내부도 살펴볼 수 있게 꾸며 놓았습니다.

**제주 가마오름
일제 동굴 진지 내부**
(등록 문화재 제308호)

역사 상식
제국주의와 군국주의

일제라는 말은 일본 제국주의를 줄인 말이에요. 제국주의란 산업이 발달한 강대국이 이익을 얻기 위해 약한 나라를 지배하는 것입니다. 19세기 말부터 20세기 초의 영국, 프랑스, 독일, 이탈리아, 미국 등이 제국주의 국가였지요.

제국주의 국가들은 아시아나 아프리카의 힘이 약한 나라를 식민지로 삼고, 원료를 싼값에 사들였어요. 만든 물건은 식민지에 되팔았지요. 또 금이나 석유를 캐고, 철도나 통신을 놓아 더 많은 돈을 벌려고도 했습니다.

제국주의 국가들은 식민지를 더 많이 차지하려고 전쟁을 벌이기도 했어요. 일본은 한국을 식민지로 삼으면서 제국주의 국가가 되었어요. 그 뒤 만주를 침략하면서 전쟁을 국가의 가장 중요한 목표로 삼는 군국주의의 길로 들어섰어요. 나랏일은 군인들이 결정하고 국민들은 온갖 전쟁 뒷바라지를 했어요. 한국은 전쟁 물자를 마련하고, 노동력을 앗아가는 기지로 이용되었지요.

일제는 제2차 세계 대전 당시 전쟁에서 이길 확률이 없자 '가미카제', '가이텐' 등의 자살특공 부대를 만들어 젊은 군인들의 희생을 강요했어요. 특공 대원들은 폭탄을 가득 실은 비행기나, 물속 폭탄인 어뢰를 타고 상대편 비행기나 군함에 일부러 부딪쳤어요. 이들 가운데는 한국인 젊은이도 있었습니다. 일제는 부대원에게 '전쟁터에서 죽으면 신이 되어 야스쿠니 신사에 돌아온다.'고 가르쳤어요. 군국주의는 자기 나라 국민은 물론이고 이웃 나라에까지 크나큰 고통을 주었지요.

··· 통일을 위해 가는 길 막지 마라
- 경교장

일본의 항복으로 광복이 되자 임시 정부의 주석 김구는 조국에 돌아와 경교장에 짐을 풀었어요. 김구는 이곳에서 임시 정부 회의를 열고, 나라가 남과 북으로 나뉘는 것을 막으려고 애썼어요. 또 이곳에서 안두희가 쏜 총에 맞아 눈을 감았어요.

서울 경교장
(사적 제465호)

김구의 깊은 한숨

"기쁜 소식이오. 일본이 곧 항복한답니다!"

1945년 8월 9일, 김구는 중국인 친구를 만나 이 소식을 들었어요. 일본의 항복은 곧 우리나라의 독립을 뜻했지만 김구는 온몸의 힘이 쭉 빠졌어요.

'아아, 일본이 벌써 항복을 하다니. 우리 청년들의 고생이 물거품이 되는구나.'

김구는 중국에서 활동하던 우리나라 부대를 모아 광복군을 만들었어요. 대한민국 임시 정부의 정식 군대로 총사령관은 지청천(다른 이름은 이청천), 참모장은 이범석이었어요.

김구는 광복군을 키워 일본과 전쟁을 벌이려고 했어요. 광복군만으로

전투를 벌일 수는 없지만 미국이나 영국 군대와 힘을 합쳐 작전을 펼 수는 있었어요.

영국은 광복군에게 일본군 포로를 심문하고 일본 문서 번역을 도와달라고 요청했어요. 광복군 십여 명이 영국과 일본의 전투가 한창인 인도와 미얀마에 파견되었지요.

미국과도 독수리 작전을 함께 펴기로 했어요. 수십 명의 대원이 미군에게 특수 훈련을 받고 우리나라에 몰래 들어가서 적의 형편을 알아오는 첩보 작전이었어요.

김구는 대원들의 훈련을 지켜보며 우리 힘으로 일본을 물리칠 날이 올 것이라고 믿었어요. 그런데 독수리 작전을 시작하기 며칠 전에 항복 소식을 들었으니 실망이 이만저만이 아니었지요.

다른 나라의 힘으로 광복이 된 것도 걱정스러웠어요. 전쟁에서 이긴 나라가 우리나라의 일을 멋대로 결정할까 봐 염려가 되었지요. 김구의 걱정은 괜한 것이 아니었어요. 미국은 소련이 우리나라를 모두 차지할까 봐 북위 38도선을 경계로 하여 각각 군대를 보내자고 소련에 제의했어요. 소련도 동의했지요.

이에 따라 북한에는 소련이, 남한에는 미군이 들어오고 군정(군대가 다스리는 것)이 시작되었어요. 그때까지도

광복군이 된 학도병

광복군 가운데는 학도병으로 일본군에 끌려간 학생들도 있었어요. 중국의 전쟁터에 도착한 한국인 학생들은 목숨을 걸고 탈출해 임시 정부를 찾아왔고 광복군이 되었지요. 일본군을 탈출한 학도병들은 임시 정부 사람들은 물론, 중국에 있던 외국인에게도 큰 감동을 주었어요.

사람들은 38선이 나라를 영원히 둘로 나눌 것이라고 생각하지 않았어요.

혼란 속의 한국 사회

광복이 되자 한국 지도자들은 정당이나 단체를 만들고 정치에 나섰어요. 대표적으로 여운형은 '조선 건국 준비 위원회'를 만들어 새 정부가 들어설 때까지 나라의 질서를 바로잡으려고 했어요.

나라 밖에서 활동하던 독립운동가들도 돌아왔지요. 이승만은 미국에서 돌아와 돈암장에 머물고, 김구는 경교장에서 지냈어요.

그러나 미군정은 한국인의 정치 활동을 인정하지 않았어요. '남한에서는 미군정이 유일한 정부'라며 여러 차례 못 박았어요. 그러나 정치에 나선 사람들은 미군정의 방해에도 아랑곳하지 않고 활발하게 움직였어요.

정치인들은 모두 같은 생각이었습니다.

'우리 민족의 완전 독립과 민주주의 국가 건설.'

그러나 국가를 어떤 형태로 만들지에 대해서는 생각이 달랐어요. 미국의 영향을 받은 사람들은 '자본주의' 국가를 만들려고 했고, 소련의 영향을 받은 사람들은 '사회주의' 국가를 만들려고 했어요. 이들은 좌파, 우파, 중

자본주의, 사회주의
자본주의는 공장이나 기계와 같은 자본을 가진 사람이 이익을 위해 경제 활동을 할 수 있는 체제예요. 돈이 있으면 누구든지 회사를 세울 수 있고 돈을 벌 수 있어요. 이에 비해 사회주의는 주요 산업이나 생산 시설을 국가나 사회가 관리하여 평등을 꾀하려고 한 체제입니다.

도파로 나뉘어 서로의 주장을 내세우며 맞섰어요.

이런 가운데 미국, 소련, 영국 세 나라는 1945년 12월, 모스크바에서 회의를 열어 한국 문제를 의논했어요. 회의에서 내린 결론은 다음과 같았습니다.

'대한민국에 임시 정부를 세우고, 미국과 소련이 공동 위원회를 만들고, 미국, 영국, 소련, 중국 네 나라가 한국을 5년 동안 신탁 통치한다.'

신탁 통치는 힘없는 나라를 강대국이 대신 맡아 다스리는 것입니다. 사람들은 신탁 통치를 일제의 지배와 같은 것으로 받아들였어요. '한 나라의 종 노릇도 지겨웠

좌파, 우파

18세기 말 프랑스 혁명 때, 급진적인 자코뱅 당은 의회의 왼쪽에, 온건한 지롱드 당은 오른쪽에 앉으면서 좌익, 우익이라는 말이 생겼어요. 좌익, 우익은 좌파, 우파라고도 불러요.
광복 이후에 우리나라에서는 사회주의 계열을 좌파, 자본주의 계열을 우파라고 불렀어요. 그러나 좌파, 우파 구분은 시대나 상황에 따라서 바뀌기도 해요. 대개 정치나 사회의 개혁을 주장하는 쪽은 좌파, 현재의 것을 지키려는 쪽은 우파라고 말해요.

는데 이번에는 네 나라의 노예가 되란 말이냐.'며 펄쩍 뛰었지요.

임시 정부 요인과 내로라하는 대한민국 지도자들도 경교장에서 회의를 갖고 신탁 통치 반대를 결정했어요. 경교장은 신탁 통치 반대 운동의 중심지가 되었어요.

그런데 소련의 영향을 받은 사회주의자들이 갑자기 모스크바 3국 외상 회의 결과를 지지한다고 주장했어요. 이들은 모스크바 3국 외상 회의 결과를 따르는 것이 통일 정부를 세우는 데 도움이 된다고 말했어요. 신탁 통치 반대파와 모스크바 3국 외상 회의 지지파들은 서로를 헐뜯으며 한국을 혼란 속에 빠뜨렸어요.

그러는 사이 북쪽에서는 김일성이 빠르게 권력을 잡아 나갔어요. 김일성은 소련의 적극적인 지지를 받으며 반대파를 몰아내고 있었습니다.

다른 길을 걷는 남과 북

미국과 소련은 미소 공동 위원회를 열고 한국 문제를 상의했어요. 그러나 제2차 세계 대전이 끝난 뒤부터 미국과 소련은 서로의 힘을 겨루고 있었습니다. 그러니 대한민국을 위해 양보하고 협력할 마음이 전혀 없었지요.

미국은 대한민국 문제를 유엔(국제 연합)에 넘겼고, 유

미국과 소련의 대립과 냉전

제2차 세계 대전으로 강대국이 된 소련과 미국은 국제 사회에서 힘겨루기를 하고 있었어요. 소련은 헝가리, 폴란드 등 동유럽 국가에 공산 정권을 세웠고, 미국은 공산주의가 유럽에 번지는 것을 막으려고 서유럽 16개 나라에 경제 지원을 하며 맞서지요. 비록 총칼을 든 뜨거운 전쟁은 아니지만 그에 못지않아 '차가운 전쟁(냉전)'이라고 불러요. 미국과 소련은 경쟁적으로 무기를 개발하고, 달 착륙이나 우주선 발사와 같은 과학 기술 분야에서도 경쟁했어요.

엔은 남북한이 총선거를 치르라고 했어요. 그러나 소련이 반대하고 나섰고, 유엔은 남한만이라도 선거를 치르라고 했지요.

이승만은 유엔의 결정을 환영했어요. 그러나 김구는 남한만의 선거를 필사적으로 반대했어요.

"38선을 그대로 두고는 우리 민족과 국토를 통일할 수 없으므로 남한 단독 선거에 절대 응하지 않을 것이오."

하지만 이승만은 미국과 소련의 사이가 날로 멀어지는 것을 보며 통일 정부를 세우는 일이 어렵다고 생각했어요. 그래서 남한만이라도 먼저 정부를 세우자고 했지요.

통일을 위해 몸을 바치겠다

김구는 시간이 걸리더라도 남북한이 함께 통일 정부를 세워야 한다고 말했어요. 임시 정부 부주석이던 김규식도 같은 생각이었어요.

두 사람은 북한에 편지를 보내 남북 협상을 하자고 제안했어요. 얼마 뒤 북한에서 답장이 왔는데 평양에서 회담을 열자는 내용이었지요. 김구와 김규식은 분단을 막을 좋은 기회라고 여기고 기꺼이 참석하기로 했습니다.

1948년 4월 19일, 김구가 북한으로 떠나는 날이었어요. 새벽부터 경교장에 몰려온 학생들이 북으로 가는 것은 위험하다며 김구의 앞을 막아섰어요.

"이런 중요한 때에 내 몸을 지키자고 남한에 주저앉아 있을 수는 없다. 우리 민족의 통일을 위해서 가는 길이니 막지 마라. 오늘이나 내일이나 당신들, 젊은이를 위해 몸을 바치겠다."

그날 오후 김구는 서울을 떠나 38선을 넘었습니다.

그러나 김구와 김규식의 노력도 분단을 막지 못했어요. 북한은 북한대로, 남한은 남한대로 정부를 세우기 위해 많은 일을 해 온 터라 되돌릴 수가 없었지요.

남한은 예정대로 1948년 5월 10일, 총선거를 실시해 이승만을 대통령으로 뽑았어요. 그해 7월 17일, 제헌 헌법을 만들고 8월 15일, 대한민국 정부를 세웠어요. 한편 북한에서는 1948년 9월 9일, 공산주의 정부인 '조선 민주주의 인민 공화국'이 들어섰어요.

한반도가 둘로 갈린 뒤에도 김구는 통일을 위한 노력을 아끼지 않았어요. 그러던 1949년 6월 26일, 경교장으로 찾아온 군인 안두희가 김구를 향해 총을 쏘았어요. 우리 민족은 바로 그날, 훌륭한 지도자를 잃고 말았습니다.

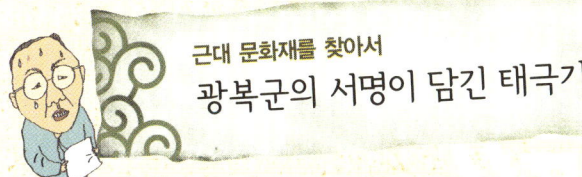

근대 문화재를 찾아서
광복군의 서명이 담긴 태극기

'굳세게 싸우자.'

'한민족은 자유인이다.'

'완전 독립을 위하여 노력하자.'

한자와 한글이 빼곡하게 적힌 이 태극기는 광복군으로 활동하던 문웅명의 것이에요. 문웅명이 다른 부대로 갈 때 70여 명의 동료들이 글씨를 써 준 것이지요. 힘찬 글씨마다 독립에 대한 소망이 가득 담겨 있어요. 태극 문양과 네 개의 괘는 옷감을 덧대어 만든 것입니다.

한국 광복군 서명문 태극기
(등록 문화재 제389호)

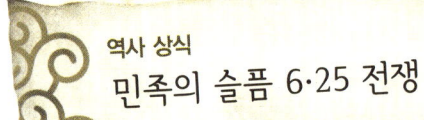

역사 상식
민족의 슬픔 6·25 전쟁

두 개의 정부가 들어서면서 우리 민족은 서로를 적이라고 부르고 38선 부근에서 총을 겨누며 맞서고 있었어요. 그러던 1950년 6월 25일 일요일 새벽, 북한의 공격으로 전쟁이 시작되었습니다.

북한은 그동안 소련과 중국의 도움을 받으며 군인과 무기를 늘려 전쟁 준비를 했어요. 그래서 전쟁이 시작되자마자 단숨에 서울까지 내려올 수 있었어요.

그사이 미국은 일본에 있던 군대를 오산과 대전에 보냈고, 곧이어 16개 나라로 이루어진 유엔군도 전쟁에 참가했어요. 그러나 북한 공산군을 막지 못하고 낙동강 부근까지 밀려났어요.

전쟁의 흐름을 바꾼 것은 1950년 9월 15일, 인천 상륙 작전이었어요. 이 작전이 성공하면서 국군과 유엔군은 재빨리 서울을 되찾고, 북쪽으로 올라갔어요. 그러자 중국이 어마어마한 수의 군인을 전쟁에 참가시켰고, 추위로 고생하던 국군과 유엔군은 또다시 밀려났지요. 1951년 1월 4일, 서울은 북한 공산군과 중국군 차지가 되었고 국군과 유엔군은 남쪽으로 후퇴했어요. 그러나 1월 말, 국군과 유엔군이 서울을 다시 되찾으면서 남과 북은 38선 부근에서 팽팽한 대결을 벌였어요.

전쟁이 벌어진 지 1년이 지나자 소련은 전쟁을 멈추자고 제안했어요. 휴전 회담은 1951년 7월 10일, 개성에서 열렸어요. 그러나 남과 북, 유엔군이 의견을 통일하지 못하고 휴전 회담은 2년 동안 계속되었어요. 1953년 7월 27일 드디어 휴전 협정이 맺어졌습니다.

6·25 전쟁의 피해는 엄청났어요. 셀 수 없이 많은 사람이 죽거나 다쳤어요. 가족들은 남과 북으로 갈라져 소식을 모르게 되었고, 부모를 잃은 전쟁고아가 넘쳐 났지요. 철도와 항만 등 국가의 주요 시설이 파괴되었고, 집과 도로도 온전한 것이 없었어요.

참고한 자료들

단행본 도서
- 《갑신정변 연구》, 박은숙, 역사비평사
- 《고등학교 한국 근·현대사》, 김홍수·최창희·한시준·박태균·김시억·이진기, 천재교육
- 《고종황제가 사랑한 정동과 덕수궁》, 김정동, 발언
- 《근대 만주 벼농사 발달과 이주 조선인》, 김영, 국학자료원
- 《대한제국의 비극》, F.A. 매켄지 지음, 신복룡 옮김, 집문당
- 《도포 입고 ABC 갓 쓰고 맨손체조》, 윤성렬, 학민사
- 《미래를 여는 역사》, 한중일 3국 공동 역사 편찬 위원회, 한겨레신문사
- 《백범일지》, 도진순 주해, 돌베개
- 《살아있는 한국사 교과서 2》, 전국역사교사모임, 휴머니스트
- 《역주 매천야록》, 황현, 임형택 외 옮김, 문학과 지성사
- 《이이화의 한국사 이야기 19·20·21·22》, 이이화, 한길사
- 《제주도 군사시설 구축을 위한 노무·병력동원에 관한 조사》, 일제 강점하 강제동원 피해 진상 규명 위원회
- 《청소년을 위한 한국 근현대사》, 김인기, 조왕호, 두리미디어
- 《파란 눈에 비친 하얀 조선》, 백성현·이한우 엮음, 새날
- 《한국 근대사 산책 1·2·3·4·5》, 강준만, 인물과사상사
- 《한국철도 100년사》, 철도청

논문
- 《갑신정변의 정치외교사적 의의에 대하여》, 한영희, 이화여자대학교 교육대학원
- 《개화기 초등학교 설립현황 및 교육실태 분석》, 허경, 이화여자대학교 대학원
- 《고종의 대외정책 연구》, 엄찬호, 강원대학교 대학원
- 《구한말 오개단체의 교육계몽활동에 관한 연구》, 박양조, 동아대학교 대학원

- 《대한제국기 서북학회의 교육구국운동에 관한 연구》, 이동주, 연세대학교 교육대학원
- 《대한제국말기 애국계몽학회연구》, 이송희, 이화여자대학교 대학원
- 《서북학회의 애국계몽운동(Ⅰ)》, 조현욱, 한국학연구 Vol.5
- 《안중근 의사의 동양평화사상 일고 : 동양평화론과 이의 교육적 접목을 중심으로》, 최영제, 서울교육대학교 교육대학원
- 《일본의 동양척식주식회사 설립과 조선경제 수탈 전략》, 강태경, 경영학회26
- 《일본의「식민지」조선에서의 고적조사와 성곽정책》, 태전수춘, 서울대학교 대학원
- 《일제 식민지기 경성지역 전기사업과 부영화 운동》, 김제정, 서울대학교 대학원
- 《일제(日帝)의 한국 문화재 파괴와 약탈》, 이구열, 한국독립운동사 연구 11호
- 《일제시대 전기(1920-1930)의 조선인 만주 이주》, 김기훈, 육사 논문집 Vol 54
- 《일제하 일상생활의 변화와 그 성격에 관한 연구 : 경성의 도시공간을 중심으로》, 김영근, 연세대학교 대학원
- 《일제하 전시총동원체제기(1938~45) '황민화' 교육 연구 : 학교교육의 교육활동을 중심으로》, 김기홍, 연세대학교 대학원
- 《전남 나주군 '궁삼면'의 토지소유관계의 변동과 동양척식주식회사의 토지집적》, 이규수, 독립운동연구 14호
- 《조선주둔 일본군의 실상》, 토베료이치, 한일역사 공동연구보고서, Vol.5
- 《태평양전쟁기 제주도 주둔 일본군과 군사시설》, 강순원, 제주대학교 대학원
- 《한국 근대 전력산업의 발전과 경성전기(주)》, 오진석, 연세대학교 대학원
- 《한국 근대 정동파의 정치적 성격에 관한 일고찰(1894-1897)》, 박민선, 이화여자대학교 대학원
- 《한국 신문시사만화사 연구 : 풍자성과 사회비판적 역할을 중심으로》, 손상익, 중앙대 대학원
- 《헤그 특사 사건과 고종황제퇴위의 연구》, 이성삼, 배재대학교 논문집, Vol.6

홈페이지
- 국가보훈처 공훈 전자 사료관 http://e-gonghun.mpva.go.kr
- 문화재청 http://www.cha.go.kr
- 일제 강점하 강제동원 피해 진상 규명 위원회 http://www.gangje.go.kr
- 조선왕조실록 http://sillok.history.go.kr
- 한국 독립운동사 정보 시스템 http://search.i815.or.kr
- 한국 언론재단 미디어가온 http://www.kinds.or.kr
- 한국 역사 정보 통합 시스템 http://www.koreanhistory.or.kr

신문·잡지
- 〈개벽〉
- 〈공립신보〉
- 〈대한매일신보〉
- 〈독립신문〉
- 〈별건곤〉
- 〈삼천리〉
- 〈건축연구 2007년 7월호〉, 근현대사의 목격자 '구 경성역사'와 문화공간화 프로젝트에 거는 기대, 안창모
- 〈원주투데이 창간10주년 기획취재〉, 중국 원주촌 그 흔적을 찾아서, 2005.10.17 ~ 11.7